KB167552

# 신데렐라 내러티브

신데렐라 내러티브
더 이상 단순한 동화가 아니다

1판 1쇄 인쇄 | 2022년 1월 10일
1판 1쇄 발행 | 2022년 1월 30일

**지은이** 하마모토 다카시
**옮긴이** 박정연
**감수** 이정민

**펴낸이** 송영만
**디자인 자문** 최웅림
**편집** 송형근 김미란 이상지 이태은
**마케팅** 이유림 조희연

**펴낸곳** 효형출판
**출판등록** 1994년 9월 16일 제406-2003-031호
**주소** 10881 경기도 파주시 회동길 125-11(파주출판도시)
**전자우편** editor@hyohyung.co.kr
**홈페이지** www.hyohyung.co.kr
**전화** 031 955 7600

©하마모토 다카시, 2022
ISBN 978-89-5872-187-1  03380

이 책에 실린 글과 사진은 효형출판의 허락 없이 옮겨 쓸 수 없습니다.


값 17,000원

# 신데렐라 내러티브

### 더 이상 단순한 동화가 아니다

하마모토 다카시 지음

박정연 옮김 | 이정민 감수

효형출판

미국
「신데렐라」
❽

영국
「골풀 모자」
❼

독일
「재투성이」
❻

이탈리아
「고양이 첸네렌톨라」
❹

프랑스
「샹드리용」
❺

터키
「양모 소녀」
❷

팔레르모
「아름다운 대추야자」
❸

페르시아
「황금촛대」
4

아라비아
「발 장식 이야기」
2

고대 이집트
「로도피스의 신발」
❶

예멘
「아름다운 헤나」
3

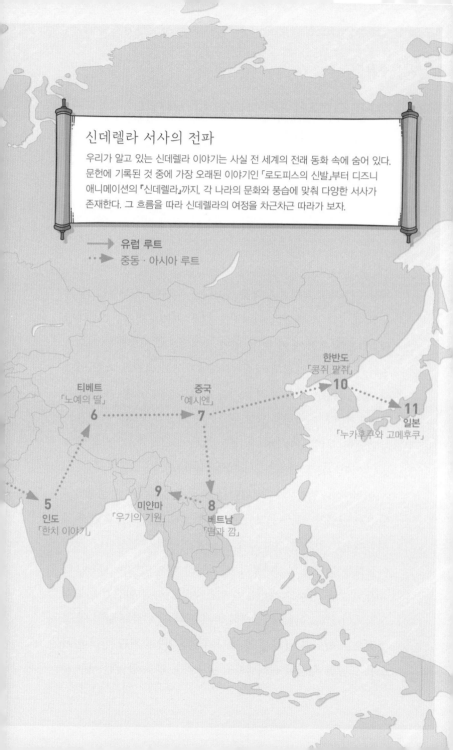

# 신데렐라 서사의 전파

우리가 알고 있는 신데렐라 이야기는 사실 전 세계의 전래 동화 속에 숨어 있다. 문헌에 기록된 것 중에 가장 오래된 이야기인 「로도피스의 신발」부터 디즈니 애니메이션의 『신데렐라』까지, 각 나라의 문화와 풍습에 맞춰 다양한 서사가 존재한다. 그 흐름을 따라 신데렐라의 여정을 차근차근 따라가 보자.

→ 유럽 루트
···▶ 중동·아시아 루트

**티베트**
「노예의 딸」
**6**

**중국**
「예시엔」
**7**

**한반도**
「콩쥐 팥쥐」
**10**

**일본**
「누카후쿠와 고메후쿠」
**11**

**인도**
「한치 이야기」
**5**

**미얀마**
「우기의 기원」
**9**

**베트남**
「떰과 깜」
**8**

# '기존의 신데렐라'에서 벗어난 '새로운 신데렐라'의 모든 것

세상에서 가장 유명한 동화를 꼽는다면 누구나 '신데렐라'를 떠올릴 것이다. 신데렐라 이야기는 디즈니 애니메이션 『신데렐라』 덕분에 어른 아이 할 것 없이 세계적으로 사랑받는 친숙한 동화가 되었다. 그런데 사실 이 이야기의 모티브는 따로 있었다. 바로 프랑스의 동화 작가 샤를 페로의 「샹드리용, 또는 작은 유리구두」다. 어머니를 잃고 계모에게 괴롭힘을 당하던 비운의 주인공이 시련 끝에 행복을 찾는다는, 우리가 익히 들어 알고 있는 이야기는 본래 샹드리용의 이야기였다.

이런 '신데렐라'라는 캐릭터는 그동안 유럽에서 탄생했다고 알려져 있었다. 그러나 역사적으로 자세히 살펴보면 유럽 밖의 지역에서도 비슷한 서사 구조를 가진 이야기가 전해진다. 고대 이집트는 물론 동아시아부터 더 나아가 남북 아메리카까지, 인류가 마을을 이루고 문명을 꽃피운 지역이라면 어김없이 널리 구전되어 왔다. 이른바 '신데렐라 서사'가 전 인류의 삶 속에 공통적으로 이어져 왔다는 게 놀랍지 않은가? 하지만 이러한 사실은 그동안 유럽이 신데렐라의 원조라고 믿고 있었던 서구 문명의 관점에서는 불편한 내용이었기에 최근까지도 크게 주목받지 못했다.

그러나 점차 새로운 사실들이 드러나고 있다. 지난 수십 년간 민속학자들은 고정적인 시각에서 벗어나 전 세계에 흩어져 있는 신데렐라 서사를 꾸준히 수집하고 분류해 왔다. 대표적인 인물로 핀란드의 민속학자 안티 아르네를 꼽을 수 있다. 그는 유럽의 민화 800여 개를 수집하고 분류해 그것을 모티프로 삼았다. 이를 계승하고 발전시킨 사람은 미국의 민속학자 스티스 톰슨으로, 그는 서사를 전 세계 규모로 확장하고 아르네와 함께 『설화의 유형』을 집대성했다. 두 사람이 제시하고 공표한 목록은 현재까지 민속 연구에서 바이블처럼 여겨지고 있다.

그렇다면 신데렐라 서사는 전 세계에 얼마나 널리 퍼져 있을까? 톰슨의 『설화』에 따르면 그 가짓수가 유럽 대륙에만 무려 500개 이상 존재한다고 한다. 민속학자 안나 비르기타 루트는 이 현상을 '신데렐라 사이클'이라고 이름 지었다. 그의 말에 따르면, 돌을 수면에 던졌을 때 파동이 퍼지는 현상처럼 최초의 신

데렐라 서사가 중심이 되어 점차 전 세계로 전파된 것이라고 한
다. 그렇다면 하나의 이야기에서 파생되어 여러 형태로 이어져
왔다는 의미인데, 이런 관점에서 생각해 보면 서사 구조를 명확
히 나눠 구분하는 것은 불가능하며 이미 다양하게 변형된 신데
렐라 서사의 수를 세는 것은 그다지 의미 있는 일이 아니다.

신데렐라 서사가 세계 각지로 전파된 이유에는 먼저 두 가지
가설이 있다. 첫째, 인류의 인체, 사고방식이나 발상이 공통적
이고 의식주라는 기본 생활이 같으므로 각지에서 유사한 이야
기가 다원적으로 발생하고 전승되어 왔다는 것이다. 이 견해에
대해서는 칼 구스타브 융의 '심리학의 원형'이라고 하는 개념이
가장 큰 논거가 된다. 다른 하나는 세계에는 신데렐라 서사의
뿌리가 되는 원형이 있고 그것이 고대로부터 인류가 계속 이동
하면서 차츰 변화하며 세계 각지의 여러 민족 사이로 널리 퍼졌
다는 가설이다.

이 주장의 논거가 된 인류의 '아프리카 단일 기원설'은 1987
년 캘리포니아 대학의 레베카 캔과 앨런 윌슨 등이 『네이처』에
발표하면서 유명해진 이론이다. 이에 따르면 현재 인류의 뿌리
를 찾으려는 시도는 유전자 미토콘드리아의 연구를 통해 공통
조상(미토콘드리아 이브)에 도달했는데, 이를 통해 현생 인류인
호모 사피엔스가 20만 년 전쯤 아프리카에 있었고 그 후손들이
7만~6만 년 전쯤 세계 각지로 이동했다는 설이 도출된 바 있다.
그렇다 하더라도 인류가 아프리카에서 탈출한 것은 까마득한
선사시대의 일이다. 이 사건으로 신데렐라 서사의 원형을 탐색
하고 그 전파 경로를 추적하는 것은 마치 구름을 손으로 잡아채
려는 것과 같이 어려운 일이다.

이제는 인류학에서 정설로 자리잡은 인류의 아프리카 기원설에 주목하여, 그 근거에 따라 원형이 세계로 전파되었을 가능성을 생각해 볼 수 있지 않을까? 인류는 동일한 사고 체계로 무리지어 이동하며 문명을 일궈 왔고, 그 때문에 앞서 말했던 여러 복합적인 요인의 영향으로 전 세계에 유사한 형태의 신데렐라 서사가 존재하는 것이 아닌가 한다.

이 책에서는 다양한 문화권에서 나타난 신데렐라 서사의 독특한 특징과 역사와의 연관성을 유기적으로 소개하고자 한다. 설화는 보통 구전되어 왔기 때문에 연대 파악이 명확하지 않은 것들이 많지만 다행히도 그중에 몇 가지는 역사 자료에 기재되어 있다. 현재 가장 오래된 신데렐라 서사는 이집트의 「로도피스의 신발」로, 그리스의 역사가 헤로도토스가 저술한 『역사』에 기록되어 있다. 이를 토대로 유추해 보면 신데렐라 서사의 시초는 적어도 기원전 5~6세기까지 거슬러 올라간다.

아프리카에 가장 오래된 신데렐라 서사가 남아 있다는 것은 아프리카에서 시작된 인류의 대이동과도 깊은 연관성이 있다. 신데렐라의 발자취를 조금씩 따라가다 보면 베일에 싸인 인류의 수수께끼도 하나씩 벗겨 낼 수 있지 않을까 생각한다.

이 책은 신데렐라가 유럽에서 탄생했다는 고정 관념을 과감히 깨뜨리는 계기를 마련할 것이다. 여러분은 신데렐라 서사의 여정에 함께하면서 '기존의 신데렐라' 관념에서 빠져나와 곳곳에서 흥미진진하게 재창조된 다양한 서사 구조에 흠뻑 빠져들 것이다. 이제 세계 각지의 문명과 역사가 만들어 낸 놀라운 이야기들을 만나 보자.

**일러두기**

1. 영화와 서적은 『 』, 전래 동화의 제목 등은 「 」로 표기했다.
2. 원어 표기 중에서 아랍어는 입력 방식이 달라, 부득이하게 영어로 실었다.
3. 전래 동화의 제목이나 등장인물 이름, 용어 등은 한국어로 번역된 것을 우선으로 하였으나 적당한 번역이 없는 경우 원어나 일본어 번역을 참고했다.
4. 첨자는 병기가 필요한 것들 이외에는 찾아보기 페이지에 별첨했다.

# 목차

2부

# 신데렐라의 OOO

# 1부

# 전 세계의
# 신데렐라

# 서사의
# 기본
# 구조

#계모의 학대  #주인공의 시련  #조력자의 등장
#비현실적인 무도회  #신부 시험  #결혼  #해피엔딩

'신데렐라'라고 하면 아이들을 위한 동화를 떠올리겠지만, 사실 이 이야기는 당대의 생활과 풍습이 고스란히 녹아든 시대상 그 자체를 담고 있다. 가령 주인공이 어머니를 일찍 여의는 장면은 이른 나이에 사망하는 일이 잦았던 과거의 상황을 보여 준다. 어머니의 부재로 인해 흔들린 가족관계 속에서 가장은 결핍된 부분을 채우기 위해 재혼하게 되고, 이때부터 가족들 사이에 마찰이 일어나며 계모의 학대가 시작되는 것이다.

신데렐라 서사의 각 구조에는 이런 흥미로운 이야깃거리가 곳곳에 숨겨져 있다. 이야기 속에 어떤 문화와 역사적 배경이 녹아들어 있는지 유추해 볼 수 있다는 점이 참 매력적이다.

## #계모의 학대와 #주인공의 시련

소박하고 평범했던 주인공의 가정은 어느 날, 어머니를 잃고 계모가
들어오면서 평화가 깨지고 만다. 주인공은 요리와 바느질을 하고 콩
껍질을 까는 등 하녀처럼 혹독하게 일하는 처지에 몰린다. 주인공의
이름은 바로 '신데렐라'. 여러 문화권에서 각기 다른 이름으로 불리
지만, 모두 부엌에서 재를 뒤집어쓰고 일한다는 의미의 '재투성이'
에서 유래했다. 재투성이 주인공과 계모, 의붓자매와의 갈등이 심해
질수록 이야기의 몰입감이 극대화된다.

## #조력자의 등장

매일같이 계모에게 당하고만 있던 주인공에게 구세주가 나타난다. 이른바 '조력자'라고 불리는 이들이다. 보통 요정으로 많이 알려져 있지만 이야기의 형태에 따라서 새와 나무, 소, 물고기 등 다양한 모습으로 등장한다. 그저 신비로울 뿐만 아니라 특정 문화권의 종교관이나 토착 애니미즘을 대변하는 존재들이다. 조력자는 주인공과 독자들을 현실과는 전혀 다른 세계로 초대한다.

민화나 동화에서 마법이라는 비현실적인 판타지는 필수 요소나 마찬가지다. 덕분에 듣는 이들은 상상력을 발휘해 이야기 속으로 빨려들어가게 된다. 신데렐라 서사가 인기 있는 이유는 초능력을 가진 조력자의 존재 때문이 아닐까.

## #비현실적인 무도회

한없이 초라했던 주인공에게 비춰진 한 줄기 빛. 그것은 바로 현실에서 볼 수 없는 비일상적인 행사, 무도회다. 조력자를 만나 신비한 힘을 얻기 전까지 계모의 괴롭힘에도 순종적이었던 주인공은 무도회에 참가하기 위해 자신의 주장을 펼치는 입체적인 인물로 거듭난다. 축제는 단순히 파티를 즐기는 것이 아니라 권력을 가진 남성이 신부를 찾기 위한 여정이기도 하다. 그런데 사실, 아름답고 감동적인 남녀의 만남 뒤에는 남모를 사정이 숨겨져 있다.

이러한 비일상적인 세계를 통해 주인공은 비참한 현실에서 벗어나 평소와는 다른 세계로 빠져들어 행운의 열쇠를 손에 넣는다. 물론 두 사람은 그 자리에서 바로 맺어지지 않는다. 신데렐라 서사에서는 모두를 납득시킬 만한 '신부 시험'이라는 시련을 거쳐야만 하기 때문이다.

## #신부 시험

주인공은 특정 시간이 되면 무도회에서 사라져 버린다. 첫눈에 반한 상대를 눈앞에서 떠나보낸 왕자의 품에 남은 것은, 주인공이 황급히 흘리고 간 구두 한 짝이다. 잃어버린 주인을 찾을 때까지 왕자는 계속해서 여러 여인들에게 구두를 신겨 본다. 이런 행위는 일종의 '시험' 역할을 한다. 주인공도 구두의 주인이 자신이라는 것을 증명하기 위해 예외 없이 신부 시험을 치러야 한다. 구두, 즉 신발은 오래전부터 결혼의 상징이었다. 주인공에게 나머지 구두 한 짝이 돌아오게 되면 이야기 속 남녀는 완벽한 한 쌍으로 거듭난다.

뒤에서 차차 소개하겠지만 「로도피스의 신발」에서 파라오가 신발에 관심을 보인 이유는 그에 얽힌 풍습과 제도를 알고 있었기 때문이다. 민속학적인 관점에서 신발의 모티프는 오래전부터 성적 화합, 즉 결혼의 상징이었다. 아프리카나 유럽뿐 아니라 중국의 한족, 티베트족 등의 풍습에서도 결혼은 신발을 건네주는 행위과 밀접하게 연관되어 있다.

## #결혼과 해피엔딩

'이렇게 신데렐라는 왕자와 결혼해서 행복하게 살았답니다.' 이야기의 결말은 대부분 이렇다. 하지만 모든 사람이 행복해지지는 않는다. 왕자와의 결혼으로 갑작스럽게 신분이 상승한 주인공은 그동안 자신을 괴롭혔던 이들을 응징하기도 한다. 그 방식과 종류는 다채롭지만 복수 여부와 상관없이 착한 사람에게만 주어지는 '권선징악' 구조의 해피엔딩 스토리에는 예외가 없다.

아마도 이는 고대인들의 사고방식이 반영된 결과물일 것이다. 여러 자료들을 추적해 보면 고대 인류는 남녀가 각자 혼자일 때는 불완전하지만 결혼을 통해 완전해질 수 있다고 생각했다. 그러므로 결혼은 자연의 섭리이자, 다음 세대를 이을 자손을 만들어 내는 지극히 원초적이고 인류에게 필요한 가장 근원적인 행위라고 여겼다.

# 1.
# 고대 이집트에서 유럽까지

# 로도피스의 신발

Rhodopis and her little gilded sandals

Ancient Egypt

작자 미상 / 기원전 5세기 이전

## 매춘부에서 왕비가 되다

사실에 바탕을 둔 가장 오래된 신데렐라 이야기는 고대 이집트의 「로도피스의 신발」이다. 신데렐라 서사는 대부분 언제 탄생했는지 알 수 없지만 이 이야기는 고대 그리스의 역사가인 헤로도토스와 스트라본, 그리고 고대 로마 작가 클라우디우스 아에리아누스가 단편적으로 기술해 놓은 것이 남아 있어 탄생 시기를 짐작할 수 있게 되었다. 에리히 아커만은 20세기 초 『고대의 동화집』에서 이 이야기를 재구성해 「아름다운 로도피스」라는 제목으로 소개하기도 했다. 다만 동화이기 때문에 주인공이 매춘부라는 것을 생략했다고 한다.

로도피스의 일화에 대해서는 피에르 뒤푸르가 역사적인 검증을 통해 방대한 내용을 담은 『매춘부의 세계사』에서 상세하게 언급한 적이 있다. 또 일본에서는 문예평론가 야마무로 시즈카가 『세계의 신데렐라 이야기』에서 참고 작품으로 「로도피스의 신발」을 소개한 바 있다. 내용을 요약하자면 이렇다.

북그리스(마케도니아) 출신인 도리카는 부유한 가정의 자녀였으나 가족 여행 도중에 해적에게 유괴되고 만다. 그녀는 에게 해에 있는 사모스 섬에 노예로 팔려 가는데, 그곳에는 『이솝 우화』의 작가인 아이소포스도 노예로 잡혀 와 있었다. 시간이 흘러 절세미인으로 자란 도리카는 매춘부로 일하다 '장밋빛 뺨을 가진 금발 여성', 즉 로도피스라고 불리며 유명해진다. 그녀는 이후 이집트에 있는 그리스인의 마을인 나우크라티스[1]로 옮겨지고, 부자를 상대로 일하게 된다. 사람의 마음을 사로잡는 재능을 가진 로도피스는 그곳에서도 뭇 남성의 관심을 독차지한다. 이후 친절한 어느 갑부 노인이 그녀를 구제하여 자신의 양녀로 삼는다. 그렇게 로도피스는 매춘부의 삶을 청산할 수 있었고 두 사람은 나일강 주변의 대저택에서 함께 살게 된다.

어느 날, 로도피스가 정원에서 목욕을 하기 위해 신발을 벗어 시녀에게 맡긴다. 그런데 웬 독수리가 하늘에서 내려와 로도피스의 신발 한 짝을 발톱에 끼우고서 날아가 버리는 것이 아닌가. 독수리는 그대로 나일 강을 따라 수도 멤피스로 올라가

---

1 이집트에 있는 그리스인의 상업 거래소.

아마시스 왕과 로도피스의 만남은
신발을 통해 이루어지는데, 신발은
과거로부터 남녀의 화합을 상징했다.
또한 새는 신의 뜻을 전하는 귀중한
동물로 여겨졌다.

C. S. 에반스·윌리엄 모리스, 「지상 낙원」
삽화, 1915

때마침 야외에서 국가 규정을 논의하던 아마시스 왕의 무릎 위로 신발을 떨어뜨린다. 왕은 지금까지 본 적이 없는 아름다운 신발과 기이한 사건에 감동하여 신관에게 자초지종을 이야기하고, 신관은 호루스 신의 뜻이므로 신발의 주인과 결혼해야 한다고 답한다.

왕은 사신을 파견하여 남은 신발 한 짝을 갖고 있는 사람을 찾아 헤맨다. 마침내 로도피스가 같은 신발을 가지고 있다는 것을 알게 되고 사신이 그녀의 저택으로 가 후견인인 노인에게 사정을 설명한다. 노인은 로도피스를 놓아 주고 싶지 않았지만 파라오의 명령을 거역할 수는 없었다. 그리하여 로도피스는 궁전으로 향한다. 왕은 아름다운 그녀의 모습에 금방 사랑에 빠졌고 신의 뜻대로 식을 올린다. 그렇게 원래 노예 또는 매춘부였던 로도피스는 왕비가 되어 왕의 총애를 받았고, 그녀가 사망한 뒤 왕은 기자[2]의 대형 피라미드 옆에 작은 피라미드를 지어 그곳에 로도피스를 묻었다고 한다.

―야마무로 시즈카,『세계의 신데렐라 이야기』중에서


이 이야기에는 한 가지 버전이 더 존재한다. 파라오가 로도피스에게 청혼하지만 로도피스는 그의 마음을 거절하고 그리스의 레스보스 섬 출신이자 와인 상인인 카락소스와의 사랑을 지킨다. 그 소식을 들은 그리스인들은 로도피스를 극찬한다. 로도피스는 이후 고기를 굽는 용도로 쓰는 여러 개의 쇠꼬챙이를 그

---

2 이집트 북동부의 도시.

리스 델포이 신전에 바쳤다고 한다. 아마도 반이집트적인 그리스인들의 민족주의로 인해, 파라오와의 결혼이라는 해피엔딩에서 그리스 신전에 대한 숭배로 결말이 바뀐 듯하다.

이처럼 사실과 허구가 뒤섞인 「로도피스의 신발」은 세간의 화제가 되면서 대대로 구전되었다. 필자는 전자의 이야기가 「로도피스의 신발」의 원형이라고 생각한다. 행복했던 주인공이 해적에게 납치되어 노예 혹은 매춘부라는 순탄치 않은 삶을 살다가, 호루스 신의 뜻을 받은 독수리의 도움으로 왕비가 되는 이야기 말이다. 이렇듯 '왕자와 결혼하는 해피엔딩'은 신데렐라 서사의 완성도를 높여 주는 가장 중요한 요소가 된다.

## 고대 학자들이 언급한 매춘부 로도피스

기원전 5세기, 고대 그리스의 역사가 헤로도토스는 여러 지역을 직접 답사하여 수집한 이야기를 바탕으로 『역사』라는 저서를 남겼다.

헤로도토스가 살던 시대의 사람들은 그리스를 중심으로 주변 국가들을 어떻게 보았을까? 당시 지중해 주변의 지도가 재현되어 있는 그림에서 답을 찾을 수 있다. 이 그림에는 지중해 지역이 꽤 정확하게 그려져 있다. 이를 통해 그리스와 이집트, 터키 주변은 서로 교류가 잦았고 공통된 문화권을 형성했다는 것을 알 수 있다. 그러나 그 이외의 지역은 현재의 지도와 비교해 봤을 때 많이 허술하다.

헤로도토스는 이집트로 건너가 그곳에서 보고 들은 것들을

헤로도토스 시대의 지중해 지도를 재현한 그림

기록으로 남겼다. 이때 그는 당시 전해지던 이야기에 관심을 가졌고, 「로도피스의 신발」에 나오는 주인공에 대해서도 언급하고 있다. 헤로도토스는 로도피스가 피라미드를 세웠다는 전설과 업적에 대해 다음과 같이 반박했다.

그리스인들은 이 피라미드를 매춘부 로도피스가 만든 것이라고 이야기하기도 하지만 잘못된 생각이다. 그렇게 주장하는 사람들은 로도피스가 누구였는지도 모르고 – 알았다면 수천 달란트라는 셀 수 없을 정도로 많은 비용이 들어가는 피라미드가 로도피스의 손으로 만들어진 것이라고 할 리가 없다. – 또한 로도피스가 등장한 시대는 아마시스 왕대에 해당되며 멘카우레의 대가 아님을 모르는 것이 분명하다. 로도피스는 피라미드를 남긴 제왕들보다 훨씬 뒤에 있는 인물로 트라키

아인이며, 헤파이스토폴리스의 아들이자 사모스인인 이아드
몬을 섬기던 노예였고 우화 작가 아이소포스와는 동료 사이
였다. ……

로도피스는 크산테스라는 사모스인을 따라 이집트에서 매춘
부 일을 했는데 미틸레네 출신인 카락소스라는 자가 거액의
돈을 지불하고 그녀를 구제했다. 카락소스는 스카만드로니모
스의 아들이며 시인 사포의 오빠다.

이렇게 자유의 몸이 된 로도피스는 이집트에 머물렀고 특유
의 요염함으로 막대한 재산을 모았다. …… 로도피스는 본인
재산의 10분의 1을 소비하여 소의 통구이에 사용할 쇠꼬챙이
를 만들어 델포이에 보냈던 것이다. 이 쇠꼬챙이는 지금도 신
전 정면에 있는 키오스인의 봉납 제단 뒤에 쌓여 있다.

나우크라티스에는 아름다운 매춘부가 많았다고 한다. 그중에
서도 로도피스는 그리스인이라면 그 이름을 모르는 사람이
없을 정도로 유명해졌다. 로도피스 이후로는 아르키디케라는
매춘부가 그리스 안에서 이름을 떨쳤지만 로도피스 정도는
아니었다.

－헤로도토스, 『역사』 중에서


로도피스를 그리스인의 시각으로 본 헤로도토스는 「로도피
스의 신발」에서 로도피스가 파라오와 결혼해 부를 얻는 이야기
를 부정하고 있다. 헤로도토스에 이어 스트라본은 기원후 24년
에 저술한 『지리학』에서 로도피스를 언급했다. 스트라본 역시
알렉산드리아 다음으로 큰 고대 이집트의 옛 수도인 멤피스 근

30

교에 있는 피라미드에 주목했다. 그는 신데렐라 서사의 기원인 「로도피스의 신발」의 내용을 이렇게 소개했다.

> 로도피스는 아름다운 외모 덕분에 부유한 남성의 눈에 띄어 양녀가 된다. 그녀가 목욕을 할 때 독수리가 신발 한 짝을 물고 날아가는데 파라오가 그 신발로 로도피스를 찾았고, 이를 계기로 로도피스는 기적적으로 왕비가 되었다는 여자 주인공의 신분 상승 이야기가 전해져 내려온다.
>
> ─ 스트라본, 『지리학』 중에서

로도피스의 이야기는 아에리아누스의 저서 『다양한 역사』에서도 소개하고 있으며 이후 고대 그리스에서 대대로 전해 내려왔다. 그들은 헤로도토스의 해석과는 달리 로도피스의 '결혼으로 인한 신분 상승'을 받아들였다.

# 에스델기

Book of Esther

Persian Empire

작자 미상 / 기원전 450년~기원전 2세기 추정

## 유대인을 구하다

신데렐라 서사를 향한 인류의 사랑은 민화뿐만 아니라 성경에도 스며들어 있다. 『구약성서』에 유대인 소녀를 주인공으로 하는 「에스델기」가 나오는데, 불행했던 주인공이 왕비의 자리에 오르는 신데렐라 서사로 유명해졌고 영화로도 만들어졌다.

「에스델기」는 역사적 사실을 바탕으로 했다. 기원전 586년, 바빌로니아 제국은 이스라엘의 남유다 왕국을 멸망시키고 유대인을 수도 바빌론으로 강제 연행해 이주시켰다. 이른바 '바빌론 유수'라고 하는 사건이다. 기원전 539년에 페르시아의 왕 키루스 2세가 바빌론 왕국을 멸망시키면서 유대인들은 해방되었지만, 그 후 대부분의 유대인이 예루살렘으로 귀환하지 않고 페르시아의 수도인 수사에 남았다. 강제로 끌려온 에스델의 양아버지 모르데카이도 그중 한 명이었다. 이 이야기에 등장하는 아하수에루스 왕은 실제 인물인 크세르크세스 1세일 것이라고 추정된다.

페르시아의 왕이 인도에서 에티오피아까지 127개 주를 통치하게 된 기념으로 축하 연회를 벌인다. 왕은 미인으로 소문난 왕비를 술자리에서 선보이려 하고, 왕비에게 등장할 것을 명령했으나 자존심이 센 왕비는 이를 거부한다. 명령을 듣지 않는 왕비에게 화가 난 왕은 왕비와 이혼한 뒤 추방시켜 버리고 대신 미인 대회를 열어 수많은 미인들 중 유대인 한 명을 왕비로 삼는다. 바로 부모를 잃고 모르데카이의 양녀로 들어간 에스델이었다. 그가 에스델을 왕비로 선택한 이유는 단순히 미인일 뿐만 아니라 누구에게나 사랑받는 성격과 더불어 지혜로웠기 때문이라고 한다. 한편, 에스델 본인과 양아버지인 모르데카이는 에스델이 유대인 고아라는 사실을 비밀로 하고 있었다.

어느 날, 모르데카이는 시종이 왕을 죽이려고 음모를 꾸미는 것을 엿보게 된다. 그는 그 사실을 에스델에게 알렸고 에스델은 다가올 위기를 왕에게 고해 음모를 미연에 방지할 수 있었다. 이후 궁정에서 왕의 측근인 하만이 재상이 되는데, 모르데카이는 그를 못마땅하게 여겨 맞서게 된다.

재상 하만은 모르데카이가 유대인이라는 것을 알고 모르데카이는 물론 왕국에 남아 있는 유대인을 전부 제거하려는 계획을 세운다. 결국 재상은 왕의 승낙을 받아 낸다. 이 사실은 왕비 에스델뿐만 아니라 왕국에 머물던 유대인들에게 전달되어 모두 충격을 받는다. 모르데카이는 항의하기 위해 대황[3]을 두르고 재를 뒤집어쓴 모습으로 성문으로 향하지만 곧 제지당한다.

에스델은 사자를 보내 모르데카이에게 사건의 진상을 확인하고, 만행을 저지하기 위해 결사적으로 자신의 출신을 밝히며 왕을 설득한다. 그 덕분에 유대인 학살령은 취소되고 유대인들은 구제된 반면 재상 하만은 처형된다. 유대인들은 왕의 허가를 얻어 음모에 가담한 사람들에게 복수한다.

－『구어역성서』 중에서

## 희망의 별, 에스델

부모를 잃고 차별받으며 의지할 데 없던 유대인 소녀는 고난을 이겨 내고 막강한 왕의 아내가 된다. 이 이야기는 성경판 신데렐라라고 할 수 있다. 유대인들의 고난은 신데렐라 서사에 등장하는 주인공의 역경과 비슷하게 느껴진다. 그러나 에스델의 진의는 왕비의 지위와 명예를 얻어 해피엔딩을 맞이하는 것이 아니라, 신의 뜻을 받아 유대인을 구제하는 데에 있었다. '별(에스델)'이라는 이름답게 에스델은 유대인의 희망이었다.

민화에서 신데렐라 서사는 주인공의 행복을 중심으로 이야

---

3  바닷말의 한 종류.

아하수에루스 왕은 에스델의 미모와 지혜에 반해 그녀를 새로운 왕비로 선택한다.
에스델은 처음에 자신이 유대인이라는 사실을 숨기지만 유대인들이 위기에 처하자 자신의
출신을 밝히고 왕을 설득하는 강인한 모습을 보여 준다.

필리피노 리피, 「아하수에루스 왕에게 선택되는 에스델」, 1478~1480, 콩데 미술관

기가 펼쳐지지만 「에스델기」에서는 종교적인 측면이 강조되면서 은연중에 신이라는 존재가 개입한다. 이때 에스델의 양아버지 모르데카이는 절실한 신앙심으로 대황과 재를 뒤집어쓰며 신의 뜻을 충실히 받들었다.[4] 물론 성경에서는 신데렐라 서사를 의식하지 않았기에 신부 시험이 없다. 신부 시험이라는 소재를 넣으면 성경의 한 구절로써는 위화감이 생기기 때문이다.

에스델의 이야기는 비록 실제로 일어났다고 보기는 어렵지만 적어도 기원전 450년에서 기원전 2세기 이후라는 방대한 기간 동안에 탄생했을 것이라고 여겨진다. 아마도 신의 뜻을 받은 에스델이 뿔뿔이 흩어진 유대인을 구제한다는 종교적인 주제와 힘들게 살던 여성이 결혼을 통해 출세하는 전설이 결합된 것이리라. 신데렐라 서사의 인기에서도 드러나듯 이런 결말은 민중의 소망이었기 때문에 성서에도 삽입되어 주목받았다. 어쩌면 신데렐라 서사의 모티프가 이스라엘 주변에 들어와 개편되며 『구약성서』 안에 편찬되었을지도 모른다.

---

4  재를 뒤집어쓰는 참회의 행위는 '재의 수요일'이라는 기념일로 계승되고 있다.

# 테오도라

Theodora

Byzantium Empire
작자 미상 / 연도 미상

## 신데렐라의 실존 인물

지금도 '신데렐라 걸'[5]이라는 표현이 있듯이, 역사적으로도 실제로 신분이 낮은 여성이 왕비가 되어 사회의 정점에 오른 사례가 있었다. 바로 비잔틴 제국의 황후 테오도라다. '실제 사례'라는 사실성을 가지게 되면 사람들 사이에서 두고두고 회자되기 수월하다. 그런 의미에서 테오도라의 이야기는 신데렐라 서사의 성립과 깊은 관련이 있다.

테오도라는 태생적으로 천한 광대 혹은 매춘부라는 신분으로 차별을 받았지만 황제와 결혼하며 황후라는 사회의 정점에

---

5 일본에서 쓰이는 표현으로, '신데렐라(Cinderella)'와 '걸(Girl)'의 합성어다. 이름이
  알려지지 않았다가 갑자기 유명해진 여성을 일컫는다.

오른 전형적인 신데렐라로 유명하다. 이노우에 고이치의 『비잔
틴 황후 열전』에서는 테오도라를 이렇게 소개하고 있다.

테오도라는 곰을 다루는 광대의 딸로, 497년에 콘스탄티노
플에서 태어났을 것이라고 추정한다. 그녀는 세 자매 중에 둘
째인데 7살 때 아버지가 사망하고 어머니는 동업자와 재혼한
다. 혼기가 차자 테오도라도 광대 견습생으로 원형 경기장에
서 일하기 시작한다.

중세 유럽에서 광대는 하층민에 속했다. 특히 젊은 여자 광대
는 매춘을 하는 일이 흔했고 차별당하는 존재였다. 영리하고
아름다웠던 테오도라도 배우와 무희로서 무대에 섰는데 알몸
으로 공연하거나 매춘을 하기도 한다. 하룻밤에 손님을 30명
이나 받았다고 전해진다. 테오도라의 생활은 피폐해졌고 임
신 중절도 했지만 결국 미혼으로 아들을 낳게 된다.

이후 그녀는 리비아의 고위 관료와 부부의 연을 맺고 콘스탄
티노플을 떠나지만 오래 가지 않아 이혼하고 만다. 머물 곳이
없어진 그녀는 북아프리카 지중해 연안에서 다시 광대 일을
하며 이리저리 옮겨 살다가 콘스탄티노플로 돌아가는데, 북
아프리카에서 크리스트교 총주교를 만나 회개하면서 단정한
삶을 살게 된다. 테오도라는 광대 노릇을 그만두고 궁전 근처
에서 뜨개질을 하며 생활한다.

그러다 520년에 황제 유스티누스 1세의 조카 유스티니아누
스와 운명처럼 만나 그와 연인 사이가 된다. 원로원 의원인
그는 테오도라와 결혼하려 했지만 신분이 다른 사람끼리 혼

인하는 것은 법적으로 금지되어 있었기 때문에 당장은 혼인식을 올릴 수 없었다. 그래서 그는 황제에게 법 개정을 탄원하고, 황제가 그것을 허가하면서 524년 즈음에 정식으로 결혼한다. 유스티니아누스는 황제가 죽은 뒤 후계자로서 유스티니아누스 1세가 되었고, 이에 따라 테오도라가 황후 자리에 오르며 하층민이었던 여성이 당시 사회의 최고층까지 올라가는 신데렐라 서사의 전형적인 예시가 탄생한다.

미모가 돋보이던 여성은 마침내 황후가 되어 남편을 도왔다. 532년에 시민들이 반란을 일으켰을 때 당황하여 도망치려 하는 황제에게 '황제의 옷은 최고의 수의'라는 유명한 말로 질타와 격려를 전해 반란을 진압했다고 하니 그야말로 여걸이었다. 이외에도 빈민과 매춘부들을 구제하고 선정을 베풀었던 것으로 알려져 있다. 그러한 행위는 테오도라의 반평생 경험이 크게 영향을 미쳤기 때문이라고 할 수 있다.

—이노우에 고이치, 『비잔틴 황후 열전』 중에서


황제 유스티니아누스 1세는 비잔틴 제국의 전성기를 이루었지만 그 이면에는 테오도라의 역할이 컸다. 그녀가 황후가 된 후 제국 내에서 테오도라에 대한 악평이나 비난은 없었으며 오히려 오늘날까지도 뛰어난 황후로 평가받고 있다. 하지만 신데렐라 서사의 특징으로 본다면 테오도라가 황후가 될 수 있었던 이유는 무엇보다도 뛰어난 미모 덕분이었을 것이다.

테오도라의 삶에서 광대와 황후라는 지위의 극단적인 차이는 크리스트교를 찬미하기 위한 일종의 역사적 연출이었을지도 모른다. 그러나 그렇다고 하더라도 테오도라는 배우로 활약했던 천부적인 재능으로 황후의 역할마저 완벽하게 소화해 냈다. 사람이 신분을 만드는 것이 아니라 신분이 사람을 만드는 과정을 테오도라의 삶을 통해 이야기하고 있는 것은 아닐까?

이 이야기는 신데렐라 서사의 특성을 온전히 갖추고 있지 않아서 조력자나 신부 시험, 구두로 말미암은 사건은 따로 없다. 다만 그녀가 만난 크리스트교 총주교가 조력자의 역할을 했다는 것에서 테오도라 이야기에 숨은 종교적 배경을 엿볼 수 있다.

## 역사로 남은 테오도라 황후

아드리아해와 가까운 이탈리아 북동부에 있는 도시, 라벤나의 산 비탈레 성당에 테오도라의 동상이 남아 있다. 작은 성당이지만 이곳에는 6세기에 제작된 테오도라 황후와 유스티니아누스 1세의 모자이크화가 있다. 테오도라는 황제의 대관식에 참석하여 술잔을 내밀고 있고, 황제 유스티니아누스는 황후와 마주보고 있는 듯한 모습으로 대신들을 거느리며 대관식을 거행하고 있다. 모두 비잔틴 미술의 영향을 받은 주옥같은 모자이크화다. 이곳은 당시 비잔틴 제국의 영지였기 때문에 황제와 황후의 모자이크화가 제작되어 남겨졌다고 한다.

제작 당시에는 판유리가 없어서 대리석을 얇게 잘라 썼는데, 빛이 들어오는 창문에 끼워져 있는 탓에 성당 안은 항상 어둡다. 덕분에 보석으로 이루어진 테오도라의 모습이 어둠 속에서

산 비탈레 성당에 있는 유스티니아누스 1세와 테오도라의 모자이크화. 테오도라의 삶은 전반적으로 고되었지만 그 경험을 바탕으로 선정을 베풀어 훌륭했던 황후로 평가받고 있다.

부각되었고 지금까지도 숭고한 분위기를 자아낸다. 비잔틴 제국 시대에 그려진 초상화는 우상 숭배를 금기시하는 이슬람 문화에 의해 수없이 파괴되었지만 당시 비잔틴 제국령이었던 라벤나는 수도 콘스탄티노플에서 멀리 떨어진 이탈리아 북부에 위치한 덕분에 기적적으로 모자이크화가 보존될 수 있었다. 이 모자이크화는 매우 귀중한 자료로써 현재는 세계 유산으로 등록되어 있다.

# 고양이 첸네렌톨라

La gatta Cenerentola

Italy

잠바티스타 바실레 / 17세기

## 중세 유럽의 신데렐라

중세시대에는 크리스트교가 유럽 전체에 퍼졌다. 청렴함을 강조하는 청빈 사상의 영향으로 민중은 여성이 결혼을 통해 신분 상승을 이루는 이야기를 마음 놓고 즐길 수 없었다. 그러나 근대에 들어서면서 크리스트교의 영향력이 약해졌고, 구전되던 신데렐라 서사가 기록으로 남겨지기 시작했다.[6]

이탈리아에서는 이야기에 익살스러움을 담는 전통이 있는데,[7] 나폴리 출신인 잠바티스타 바실레가 그 계보를 이어 나폴

---

6　마르틴 몬타누스가 출간한 『대지의 암소』(1560년)는 죽은 어머니가 암소로 환생하고, 그 딸은 신분이 높은 남성과 결혼한다는 전형적인 신데렐라 서사를 담고 있다.

7　대표적으로 지오바니 보카치오의 『데카메론』과 지오바니 프란체스코 스트라파롤라의 『익살맞은 밤』(제1권 1550년, 제2권 1553년)이 있다.

리 방언으로 되어 있던 민화 50편을 모아서 『펜타메로네』를 편
찬했다. 『펜타메로네』는 나폴리 지방의 구전 민화를 기록해서
남긴 매우 귀중한 자료다. 그중 첫째 날 제6화에 수록되어 있는
「고양이 첸네렌톨라」는 유럽 신데렐라 서사의 계보에서 가장
중요한 이야기 중에 하나다.

나폴리 왕국의 대공은 아내가 죽은 후 외동딸인 체촐라와 살
고 있었다. 대공은 체촐라를 많이 아끼고 사랑했으며 딸이 하
는 말이라면 무엇이든 들어주었다. 그런데 대공이 재혼하면
서 평화가 깨지고 만다. 새엄마는 의붓자식인 체촐라를 괴롭
히기 시작한다. 체촐라는 대공이 고용한 가정교사에게 자신
의 처지를 호소했고 가정교사는 그녀가 나쁜 새엄마를 죽이
도록 부추긴다.

"내가 대공과 결혼해 너의 어머니가 되면 반드시 행복해질 거
란다."

학대에서 벗어나고 싶었던 체촐라는 시키는 대로 새엄마를
죽였고, 가정교사는 그 기회를 놓치지 않고 대공의 새아내가
된다. 그런데 그녀는 대단한 이중인격자라 숨겨둔 여섯 딸을
불러들여 호화로운 생활을 하기 시작한다. 그리고 손바닥을
뒤집듯 태도를 바꿔 체촐라를 '고양이 첸네렌톨라'라고 부르
며 부엌 허드렛일을 떠넘긴다.

어느 날 대공이 정무를 보러 사르디니아에 가야 하는 일이 생

긴다. 그는 딸들에게 갖고 싶은 선물이 있냐고 물었고 6명의 의붓딸들은 저마다 값비싼 물건을 요구한다. 다만 체촐라는 비둘기 요정에게 자신의 안부를 전하고 무언가를 받아 와 달라고 부탁하는데, 대공은 의붓딸들의 물건만 사고 친딸의 요청은 잊어버리고 만다. 그러다 도중에 간신히 체촐라의 요청을 떠올리고는 비둘기 요정에게 소원을 빌어 황금 대추나무를 가져올 수 있었다. 체촐라는 선물받은 나무를 화분에 심어 애지중지 키운다. 대추나무에는 신기한 힘이 있어서 소원을 빌면 나무에서 요정이 나와 무엇이든 이루어 주었다.

시간이 흘러 축제가 열리는 날이 되었다. 6명의 딸들은 예쁘게 차려입고 외출한다. 체촐라도 축제에 가고 싶어 대추나무에게 소원을 빌었다. 그러자 여왕이 입을 법한 호화로운 의상과 12명의 시종이 나타난다. 그녀가 준비를 마치고 축제 장소에 도착하니 이웃나라의 왕도 그곳에 와 있었다. 왕은 한눈에 체촐라에게 반해 신하들에게 그녀를 데려올 것을 명하고, 체촐라는 대추나무로부터 받은 금화를 던져 위기에서 빠져나간다. 그 다음 날에도 그녀는 수많은 여성들에게 둘러싸인 여왕 같은 모습으로 왕의 마음을 사로잡는다. 그러나 축제가 끝나고 또다시 따라오는 신하들을 보석을 던지며 따돌린다.

축제 세 번째 날에 체촐라가 다시 아름다운 모습으로 나타나자 왕의 마음은 더욱 불타오른다. 체촐라는 어김없이 추적해 오는 신하들을 피해 마차를 타고 떠났으나 집으로 돌아가는 길에 나막신을 떨어뜨리고 만다. 신발은 왕에게 전달되었고 체촐라를 향한 왕의 그리움은 커져만 간다.

네 번째 날, 왕은 나폴리에 있는 모든 여성을 초대해서 축제

비둘기 요정은 대공에게 대추나무를 건네준다. 비둘기는 크리스트교에서 신의 뜻을
대변하는 중요한 존재이며 대추나무 열매는 북아프리카와 서아시아에서 귀한 식량이었다.
훗날 그림 형제는 이 요소를 응용해 동화 「재투성이」를 탄생시켰다.

워윅 고블, 「대공에게 다가오는 요정」, 1911

가 끝난 뒤에 여성들에게 나막신을 신겨 보고 주인을 가리도
록 한다. 신발은 그 누구도 아닌 체촐라의 발에 딱 맞았다. 왕
은 그녀의 머리 위에 왕관을 씌우고 곧 왕비로 삼겠노라고 선
언한다.

—잠바티스타 바실레, 『펜타메로네』 중에서

「고양이 첸네렌톨라」는 이탈리아 시칠리아 섬의 팔레르모
민화 「아름다운 대추야자」[8]의 영향을 받았다. 이 이야기에서는
대추야자의 마법 덕분에 아름다운 주인공 니네타가 왕자와 맺
어지는 신데렐라 서사가 펼쳐진다. 16세기 중반에 출판된 이 이
야기가 나폴리에 전해져 17세기에 바실레가 「고양이 첸네렌톨
라」라는 이름으로 『펜타메로네』에 수록한 것으로 보인다. 이러
한 신데렐라 서사는 「로도피스의 신발」에서 뒤이어 소개할 샤
를 페로의 「샹드리용」과 그림 형제의 「재투성이」로 이어지는
중간 과정에 위치한다.

---

8   이탈로 칼비노의 『이탈리아 동화집』에도 수록되어 있다.

# 샹드리용

Cendrillon

France

샤를 페로 / 17세기


## 우리가 알고 있는 그 이야기

『페로 동화집』은 이후 그림 형제의 동화집과 디즈니 애니메이션에 큰 영향을 미쳤다. 특히 그 안에 수록된 「샹드리용」은 전 세계를 통틀어 가장 대표적인 신데렐라 서사로 유명하다. 이 이야기는 우리가 알고 있는 '신데렐라'의 줄거리와 가장 비슷하며 신데렐라 서사의 원조가 유럽이라는 주장을 뒷받침하는 근거가 되었다.


옛날에 아름답고 상냥한 소녀가 있었는데 그만 어머니를 일찍 여의고 만다. 소녀는 아버지가 재혼하면서 새엄마와 함께 온 두 자매와 살게 된다. 하지만 이들 모녀는 무척 짓궂었고 소녀에게 엄하게 대한다. 세 여자는 소녀를 하녀 취급하며 샹드리용[9]이라고 부른다. 샹드리용은 모든 집안일을 도맡아 하며 항상 재를 뒤집어쓰고 있었지만 의붓자매들보다 훨씬 아름답고 마음씨가 순수했다. 그리고 매일 열심히 일했다.

어느 날 왕자가 신부를 구하기 위해 무도회를 연다는 소식이 전해진다. 샹드리용의 두 의붓자매에게도 초대장이 도착한다. 계모와 의붓자매들은 야단법석을 떨면서 아름답게 차려입고 성으로 향한다. 샹드리용은 그들이 외출하는 것을 도울 뿐이었다. 모두 사라진 뒤 혼자 남은 샹드리용은 연회에 가고 싶어 펑펑 운다. 그러나 남루한 옷차림으로는 무도회에 참가하기는커녕 성에 들어갈 수도 없다는 사실을 알고 있었다.

그런데 그때, 눈앞에 요정이 나타난다. 이 요정은 샹드리용에게 이름을 지어준 대모이자 대리인이다. 요정은 샹드리용이 착실하게 일해 왔다는 것을 알고 있었고 그 선행을 높게 사 무도회에 참가할 수 있도록 돕는다. 요정이 샹드리용에게 밭에서 호박을 따 오도록 한 뒤 마법 지팡이로 두드리자 호박이 황금 마차로 변한다. 이어서 생쥐를 흰 말로, 회색 쥐를 마부로, 도마뱀을 시종으로 변신시키고 마지막으로 샹드리용의 너덜너덜한 옷을 멋진 드레스로 바꿔 놓는다.

샹드리용이 성에 도착하자 그 모습이 너무 아름다워 주변이 순식간에 조용해진다. 왕자는 샹드리용에게 춤을 청해 한시도 그녀의 손을 놓지 않는다. 즐거운 시간은 눈 깜짝할 사이

---

9 '재투성이'라는 뜻으로, 훗날 미국에서 탄생한 '신데렐라'와 어원이 비슷하다.

에 지나가고, 정신을 차려 보니 12시가 되기까지 15분밖에 남지 않았다. 12시가 지나면 마법이 풀리기 때문에 바로 성에서 나와야 했다. 샹드리용은 서둘러 성을 빠져나가려다가 유리구두 한 짝이 계단에 걸려 벗겨지지만 그대로 두고 떠나 버린다. 그녀를 쫓아온 왕자는 떨어져 있는 구두를 줍고는 이 구두의 주인과 결혼하겠다고 선언한다.

다음 날부터 신하들이 온 나라를 돌아다니며 유리구두의 주인을 찾기 시작했고 이윽고 샹드리용의 집에 도달한다. 두 의붓자매는 구두에 발을 쑤셔 넣지만 맞지 않는다. 주인을 찾지 못하고 신하가 돌아가려고 하자 샹드리용이 나타나 구두를 신어 보겠다고 한다. 계모와 두 의붓자매는 무슨 바보 같은 소리냐며 비웃었지만 구두는 샹드리용의 발에 딱 맞았다. 그렇게 샹드리용은 왕자와 결혼하여 행복하게 산다. 계모와 두 의붓자매는 샹드리용에게 그동안의 일을 사과했고 마음씨 착한 샹드리용은 그들이 궁전에서 살 수 있도록 허락한다.

—샤를 페로,『페로 동화집』중에서

샹드리용은 어머니의 죽음과 아버지의 재혼으로 불우한 신세가 되었지만 계모와 의붓자매에게 괴롭힘을 당하면서도 주어진 상황에 순응하며 살아간다. 그러다 요정이 도움의 손길을 내미는데, 이 조력자는 대모였다고 설명한다. 중세 이후의 유럽 아이들은 태어나자마자 세례 의식을 받았고 이때 부모 외에 아이를 돌볼 대부와 대모를 정했다. 출산 후 산모가 사망하거나 병에 걸리는 일이 잦았기 때문이다. 이런 당시 상황을 배경으로

샹드리용에게 도움을 주는 존재는 요정이자 이름을 지어 준 대모였다. 중세 유럽인들의 평균 수명은 길지 않았기 때문에 아이가 태어남과 동시에 부모의 대리인으로 대모와 대부를 두는 경우가 많았다. 결국 요정 대모는 샹드리용을 부모로서 보살펴 준 것이라고 할 수 있다.

윌리엄 헨리 마겟슨, 「신데렐라와 요정 대모」, 연도 미상 요정 대모가 탄생했다.

요정 대모는 마법으로 말, 마차, 마부, 시종을 탄생시켰다. 이때 사용한 것은 마법의 지팡이였다. 이렇듯 마법이 등장하는 장면은 환상동화[10]의 특징인데, 당시 사람들은 마법을 부리는 것이 실제로 가능하다고 믿었기 때문에 홀리듯이 판타지 세계로 빠질 수밖에 없었다.

또한 「샹드리용」에서도 신발이 결혼의 결정적인 역할을 한다. 그런데 많은 구두 중에서 왜 하필 '유리구두'여야 했을까? 이 부분에 대해서는 지금까지도 의견이 분분하다. 대표적으로 문호 오노레 드 발자크의 비판이 유명한데, 그는 페로가 동화를 개편할 때 원작에 쓰여 있던 '다람쥐 모피vair'를 같은 발음인 '유리verre'로 잘못 썼다고 주장했다. 다람쥐 모피는 왕비만 신을 수 있었던 값비싼 구두 재료였기 때문에 그의 주장대로라면 구두는 샹드리용이 고귀한 신분임을 암시하는 요소라고 해석할 수 있다. 한편으로 유리구두만은 마법이 풀려도 사라지지 않고 왕자와의 결혼에 결정적인 역할을 한다는 점에서 동화적 연출이라고도 여겨진다. 이렇게 다양하게 해석될 여지가 있다는 점이 페로 동화의 매력이다.


## 베르사유궁의 판타지

프랑스의 동화 작가 페로는 태양왕 루이 14세의 아래에서 재상

---

10  초자연적인 현상을 소재로 한 이야기.

장 바티스트 콜베르를 섬기는 관리였다. 또한 프랑스의 학술기관 중 하나인 아카데미 프랑세즈의 회원이자 문학가로도 활동했다. 『페로 동화집』은 페로가 자신의 늦둥이 아이들에게 들려주기 위해 민화를 수집한 것인데, 한편으로는 궁정인들을 의식해서 편찬한 부분도 있었다. 이야기의 무대인 성은 그가 드나들던 베르사유궁을 연상케 하고 성의 화려한 거울의 방[11]은 신데렐라의 무대를 떠올리게 한다. 거울의 방을 찾는 사람이라면 누구나 「샹드리용」의 세계를 상상하며 이야기에 빠져들었다. 이러한 장치 덕분에 궁정의 시녀들 사이에서도 큰 인기를 얻었고, 『페로 동화집』은 세계적인 동화로 발돋움할 수 있었다.

또한 페로의 동화는 귀족을 겨냥했기 때문에 품위 있고 세련되었으며 잔혹한 장면은 삭제되었다. 왕비가 된 주인공은 자신을 괴롭히던 계모와 의붓자매들이 잘못을 뉘우치자 그들을 용서하고 모두가 해피엔딩을 맞이한다. 이처럼 페로의 동화는 사람들에게 교훈을 주며 교육적으로 배려한다는 특징을 지녔다.

---

11  베르사유궁의 갤러리로, 다양한 행사가 열리는 공간이었다. 17개의 거대한 창과 거울이 설치되어 있다.

# 재투성이

Aschenputtel

Germany

그림 형제 / 19세기

## 그림 형제가 개편한 동화의 세계

그림 형제의 동화집인 『그림동화』에서 「재투성이」는 페로의 「샹드리용」과 함께 유럽의 대표적인 신데렐라 서사로 유명하다. 『그림동화』는 1812년 초판부터 1857년 완결판(제7판)까지 끊임 없이 개편되어 줄거리가 대폭 변경되었다고 알려져 있다. 그림 형제는 동화의 완성에 심혈을 기울였고 그 결과 성경에 이어 세계적인 베스트셀러가 될 수 있었다. 완결판의 내용은 이렇다.

죽음을 앞둔 부잣집 부인이 딸에게 이렇게 말한다.

"하나님을 소중히 여기고 사려 깊은 아이로 자라렴. 늘 너를
천국에서 지켜보마."

그녀는 곧 숨을 거두었고 소녀는 매일 어머니의 무덤 앞에서
슬픔에 젖는다. 이윽고 아버지가 재혼하며 계모와 두 딸을 데
리고 들어온다. 그러나 이들 세 사람은 성품이 좋지 못했다.
계모는 소녀에게 누더기 옷을 입히고는 집안일을 모두 떠넘
긴다. 소녀는 밤이 되면 부뚜막 옆의 잿더미 속에서 선잠을
자야 했기 때문에 '재투성이'라고 불린다.

어느 날 아버지가 외출하게 되어 딸들에게 갖고 싶은 선물을
묻는다. 두 의붓자매는 값비싼 선물을 사 달라고 조르고 소녀
는 개암나무 잔가지를 부탁한다. 소녀는 아버지에게서 받은
개암나무 잔가지를 어머니의 무덤에 심고 눈물을 흘리며 계
모와 두 의붓자매에게 괴롭힘을 당하는 상황을 토로한다. 그
러자 잔가지는 순식간에 거대한 나무로 성장한다. 소녀가 매
일 세 번씩 무덤 앞에서 울며 기도하니 하얗고 작은 새 한 마
리가 날아와 소녀의 소원을 들어주었다.

그런 나날을 보내던 소녀는 성에서 3일간 왕자의 신붓감을
구하는 연회가 열린다는 소식을 듣게 된다. 계모와 두 의붓
자매가 외출을 위해 아름답게 차려입은 모습을 보고 소녀도
성에 가고 싶어 청해 보지만, 계모는 소녀가 성에 가지 못하
게 콩을 골라내는 일을 시킨다. 다행히도 비둘기와 작은 새
들이 날아와 소녀를 돕는다. 그러나 일을 다 끝내도 계모의
허락을 받아 낼 수 없었다. 결국 소녀는 어머니의 무덤에 심
은 개암나무에게 소원을 빈다. 그러자 작은 새가 아름다운

일반적인 신데렐라 서사에서 요정 대모가 어머니의 역할을 대신한다면, 「재투성이」에서는
개암나무가 어머니를 대신해 주인공의 곁을 지킨다. 이 장면에서 게르만 민족의 수목
숭배를 엿볼 수 있다.

엘레노어 애보트, 「신데렐라」, 1920

드레스와 황금구두를 마련해 준다. 이렇게 소녀는 치장을 하고 성에 갈 수 있었다. 왕자는 몰라보게 아름답게 변신한 소녀와 단 둘이서만 춤을 춘다. 그러나 날이 저물자 소녀는 왕자를 뿌리치고 집으로 돌아갔고 왕자는 소녀를 뒤쫓았지만 놓치고 만다. 두 번째 날에도 소녀는 왕자와 춤을 춘 뒤 곧바로 집으로 돌아간다.

셋째 날, 왕자가 잔꾀를 부려 계단에 끈적끈적한 물질을 칠한 탓에 소녀는 황금구두 한 짝을 계단에 남겨둔 채 도망치듯 성을 떠난다. 왕자는 구두의 주인을 찾아다니다가 소녀의 집에 도달한다. 먼저 두 의붓자매가 구두를 신어 보지만 작아서 맞지 않는다. 그러자 계모는 큰딸에게는 발끝을, 작은딸에게는 뒤꿈치를 칼로 자르게 한다. 두 자매가 서로 구두의 주인이 자신이라고 주장하자 왕자는 일단 두 사람을 신부로 맞이하기로 하고 각자 말에 올라 성으로 향한다. 그들은 소녀의 어머니 무덤 앞을 지나다가 비둘기가 노래하는 소리를 듣는다.

"이 여자는 발에서 피가 나고 있으니 왕비가 아니야. 진짜 신부는 아직 집에 있어."

왕자는 그 노래를 듣고 마침내 소녀가 자신이 찾던 사람임을 깨닫는다. 이렇게 두 사람은 결혼식을 올리는데, 그날 어떻게든 덕을 보기 위해 소녀의 양쪽에 붙어 다니던 두 의붓자매는 교회에 갈 때 비둘기에게 한 쪽 눈을, 돌아갈 때 나머지 한 쪽 눈을 쪼이고 눈이 멀게 된다.

－그림 형제, 『그림동화』 중에서

「재투성이」의 주인공 소녀는 「샹드리용」과 마찬가지로 어머니가 사망한 뒤 새엄마와 의붓자매들에게 괴롭힘을 당하며 불우한 나날을 보낸다. 두 이야기의 큰 줄거리는 비슷하지만 다른 점이 있다면 「재투성이」의 소녀는 샹드리용보다 자기 주장을 분명히 하며 적극적으로 행동한다는 것이다. 또한 황금구두와 유리구두라는 요소의 차이뿐만 아니라 독일과 프랑스라는 민족적 특성의 차이 역시 크다. 그림 형제의 「재투성이」에서는 게르만족의 특징인 수목 숭배와 잔혹한 장면이 인상적이다.

## 수목 숭배와 잔혹성

「재투성이」의 조력자는 요정이 아니라 개암나무다. 바실레의 「고양이 첸네렌톨라」에서 대추나무를 차용해 게르만족의 특성을 입힌 것인데, 개암나무는 생명을 지키는 나무로써 고대로부터 게르만족의 추앙을 받아 왔다. 이 나무에서 열리는 헤이즐넛은 숲의 귀중한 식량이었다. 세상을 떠난 어머니의 무덤에 심은 개암나무는 수목 숭배를 나타낼 뿐만 아니라 마치 어머니가 환생한 듯한 느낌을 준다.

「재투성이」에서는 잔혹한 장면이 추가됨과 동시에 강조되는 점이 특징이다. 예를 들어 의붓자매의 발이 너무 커서 구두가 맞지 않자 계모가 주저하지 않고 딸들의 발을 자르거나, 의붓자매들이 비둘기에게 두 눈을 쪼여 눈이 머는 등 어린이를 대상으로 한 동화로 보기 어려운 장면이 많다.

그림 형제는 동화에 왜 이런 끔찍한 장면을 넣었을까? 그들은 사악한 마음과 죄를 엄하게 벌해야 하며, 잔혹하더라도 복수를 통해 사회 규칙과 질서를 지켜야 한다고 생각했다. 이른바 '권선징악'을 표현한 것인데 이 때문에 『그림동화』의 잔혹성과 나치와의 관계를 지적하는 등, 입장의 차이에 따라서 『그림동화』에 대한 평가가 갈리기도 했다.

# 신데렐라

Cinderella

America

월트 디즈니 / 1950년


### 미국판 「상드리용」

『신데렐라』는 1950년에 디즈니 애니메이션으로 만들어졌다. 그런데 이 이야기는 그림 형제의 「재투성이」와 상당히 큰 차이를 보인다. 미국인들 입장에서는 잔인한 게르만족의 세계관이 어색하고 불편했기 때문이었을지도 모른다.


어느 왕국의 웅장한 저택에, 어머니를 여읜 신데렐라가 아버지와 함께 살고 있었다. 어느 날 아버지가 재혼을 하면서 신데렐라는 계모가 데려온 두 의붓자매들과 함께 살게 된다. 그런데 아버지마저 세상을 떠난 뒤에 계모와 의붓자매들은 신데렐라의 아름다움을 질투한 나머지 아침부터 밤까지 괴롭히며 허드렛일을 시킨다. 그래도 명랑한 신데렐라는 열심히 집안일을 해냈고 동물들과 친구가 되었다. 한편으로는 계모와 의붓자매들이 재산을 탕진하여 집안이 점차 몰락하기 시작한다.

그로부터 얼마 뒤, 성으로부터 소식이 들려온다. 왕자가 귀국했고 신붓감을 찾기 위해 온 나라의 여성들을 초청해서 무도회를 연다는 것이었다. 신데렐라는 쥐와 작은 새들이 만들어준 드레스를 입고 무도회에 가려고 하지만 의붓자매들이 방해하며 드레스를 찢어 버린다. 그러자 요정이 나타나 마법 지팡이를 들고 주문을 외웠고 호박을 마차로, 쥐를 말로, 말을 마부로, 개를 시종으로 변신시킨다.

신데렐라는 아름다운 드레스를 입고 유리구두를 신는다. 마법은 밤 12시가 되면 풀려 버리기 때문에 그때까지 집에 돌아와야 했다. 신데렐라가 성에 도착하자 왕자는 신데렐라에게 다가가 함께 춤을 춘다. 신데렐라는 꿈을 꾸는 듯한 기분으로 멋진 왕자와 즐거운 시간을 보낸다. 그러다 종소리가 울리고 12시가 됐다는 것을 알아차린 신데렐라는 서둘러 집으로 돌아가는데, 도중에 유리구두 한 짝이 벗겨지고 만다.

왕자는 남겨진 유리구두에 발이 딱 맞는 사람을 아내로 삼겠다고 선언하고, 신하들은 구두를 들고 각지에 있는 여성들의 집을 방문하기 시작한다. 이윽고 유리구두는 신데렐라의 집에 이르는데, 의붓자매들이 먼저 구두를 신어 보았지만 너무 작아서 발이 들어가지 않았다. 이어 신데렐라가 구두를 신으려고 하자 계모가 지팡이로 구두를 부순다. 그러나 신데렐라는 자신이 신고 있던 나머지 한 짝을 가지고 있었다. 그 유리구두는 신데렐라의 발에 딱 맞는다. 이렇게 신데렐라는 왕자와 결혼했고 두 사람은 오래오래 행복하게 살았다.

–디즈니 애니메이션『신데렐라』중에서

디즈니의 애니메이션 영화는 「재투성이」가 아니라 「샹드리용」의 영향을 받았다. 주인공은 샹드리용처럼 계모와 의붓자매들에게 괴롭힘을 당하지만 주어진 일을 고분고분 해내며 밝고 검소하게 살아가고, 요정이 주인공을 도와준다. 호박을 마차로, 쥐를 말로 변신시키는 장면, 유리구두라는 소재, 12시에 마법이 풀리는 시간 설정까지 똑같다. 다만 다른 점이라고 한다면 무도회 기간이 하루로 단축되어 있다는 것이다.

「재투성이」의 주인공이 능동적으로 삶을 개척하려 했던 것에 반해 디즈니의 신데렐라는 수동적인 모습이 눈에 띄고 복수하는 장면도 생략되었다. 복수란 그림 형제에게는 중요한 과정이었지만 디즈니에게는 판타지의 세계를 망가뜨리는 불필요한 요소였기 때문이다. 디즈니는 오히려 왕자를 늠름하고 이상적인 남성상으로 그리는 것을 중요한 포인트로 삼았다. 남자다운 왕자의 모습으로 신데렐라의 아름다움이 더욱 부각되고 여성을 우선시하는 '레이디 퍼스트'가 강조되었다.

## 아메리칸드림과 자본주의

디즈니는 기존의 방식대로 동화를 읽어서 들려주는 것이 아니

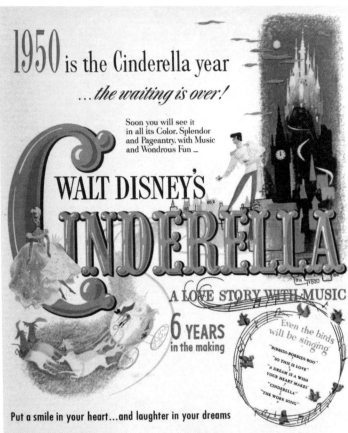

1950년에 미국 극장에 붙여진 신데렐라 포스터. 극장판 신데렐라는 「재투성이」의 잔혹함을 배제하고 꿈과 희망이 가득한 세계로 안내했다.

RKO 라디오 픽쳐스, 「1950년은 신데렐라의 해입니다」 포스터, 1950

라 영상과 음성, 그리고 배경 음악이 더해진 애니메이션 기술을 구사했다. 이러한 연출로 새로운 지평을 열며 독자적인 세계를 창조했고 『신데렐라』는 큰 성공을 거두었다. 디즈니판 신데렐라의 특징은 동물이 많이 등장하면서 「재투성이」의 잔인한 장면과 복수를 모두 생략하고 판타지 세계를 강조했다는 것이다. 이렇게 탄생한, 주인공이 곤경에서 탈출해 행복해지는 성공 서사는 미국인들이 가장 좋아하는 이야기가 되었다. 결혼으로 가정적인 행복을 얻는 소망은 신데렐라 스토리에 부합하는 요소였다.

성공 서사는 서부 개척 당시부터 신대륙 이주민들의 꿈이었다. 이후 자본주의의 발달로 크리스트교의 세력이 약해지고 일확천금을 꿈꾸는 아메리칸드림이 미국의 근본적인 정책이 되었다. 『신데렐라』는 자본주의의 패자覇者인 미국이 세계로 보낸 강력한 메시지였다고 할 수 있다. 부와 행복을 획득하는 것이 자본주의 사회의 목적이자 지향점이었기 때문이다.

상업 자본과 연동된 애니메이션 영화는 독자적인 캐릭터를 탄생시키며 새로운 시장을 확대했다. 현재 디즈니랜드에 있는 '신데렐라 성城'이 그 상징이며 덕분에 신데렐라는 전 세계에 널리 알려졌다. 미국판 신데렐라가 세계를 석권한 것이다.

# 유럽 서사에 등장하는
# 주인공의 정체

## 다른 세계와 이어져 있는 존재

'신데렐라'라는 특이한 이름은 도대체 무엇을 의미하는 것일까? 일반적으로는 부엌 한구석에서 '잿더미를 뒤집어쓴 채 허드렛일'을 해야 하는 주인공의 불우한 처지를 보여 주는 것이라고 한다. 그런데 그 내면에는 재미있는 사실이 숨겨져 있다.

민속학자들은 이계異界*와 현실 세계를 구분해서 생각했고 이계에서는 일상 생활과 다른 원리가 작용한다고 해석했다. 예를 들어 인간의 힘이 미치지 못하는 초능력, 신이나 악마의 세계, 자연 현상 등도 이계에 속한다. 불 역시 신비한 힘을 가졌다고 여겼고 부뚜막을 이계의 출입구라고 생각했다. 즉 신데렐라 서사에서는 주인공이 부뚜막 옆에서 재를 뒤집어쓴 채 일하는 장면을 통해 주인공이 이계와의 경계에 있다는 것을 보여 주려 했던 것이다. 일찍이 이계에 노출되어 있었던 주인공은 초능력을

---

* 현실 세계와는 다른 세계.

가진 조력자에게 구제될 수 있었다. 이렇듯 '재투성이'라는 이름은 이계와 연결된 존재를 의미하며 곧 환상동화의 상징이 되었다.


## 이름에 감춰진 성적 조롱

한편, '재투성이'라는 호칭에 감춰진 또 다른 해석이 있다. 유럽계 신데렐라 서사의 제목에서 그 기저에 깔려 있는 의미를 엿볼 수 있다. 각 나라별로 나열해 보자면 영어로는 「신데렐라Cinderella」, 프랑스어로는 「샹드리용Cendrillon」, 독일어로는 「아셴푸텔Aschenputtel」, 이탈리아어로는 「첸네렌톨라Cenerentola」라고 한다. 이들의 공통점은 각 언어의 접두사인 Cinder, Cendre, Asche, Cenere에 '재'라는 의미가 포함되어 있다는 것이다.

특히 독일어에서 그 의미가 가장 잘 드러나 있다. 영어나 프랑스어의 어미는 '작은 것'을 가리키는 접미사이기 때문에 본래의 성적인 의미가 소멸되었지만 독일어의 어미 '-푸텔-puttel'은 여자아이(성적 비하의 의미)라는 뜻을 고스란히 간직하고 있다. 즉 독일어의 '아셴푸텔'에는 '재투성이 여자아이'라는 조롱의 의미가 담겨 있다.

스코틀랜드, 덴마크, 스웨덴에도 비슷한 제목의 서사가 존재한다. 민속학자 안나 비르기타 루트에 따르면 이들 어미의 어원은 그리스 키오스 섬의 신데렐라 서사 제목인 '스타프토푸타Stachtopoúta'에서 찾을 수 있다. '재'라는 뜻의 '스타프티Stachti'와 '여성의 성기'라는 뜻의 '푸토스Poúttos'가 합쳐진 단어로, 주인공에 대한 매우 노골적인 멸칭이라고 한다. 이 때문에 일반적으로는 순화시켜서 '화로 고양이Hearth-Cat'라고 불렀다.

그럼 실제로 신데렐라 서사에서 주인공은 뭐라고 불릴까? 페로의 「샹드리용」에서는 의붓자매에게 '엉덩이에 재가 묻은 아이'라며 비웃음을 산다. 이 말은 '재투성이 아이'보다 더 모멸적인 호칭이다. 그에 비해 바실레의 「고양이 첸네렌톨라」에는 제목에 '고양이'라는 단어가 숨김 없이 들어가 있다. 노골적인 멸칭을 '고양이'라고 순화시켜 사용했다는 것에 비추어 보면 제목에도 성적인 조롱이 숨어 있다는 것을 알 수 있다. 즉 「고양이 첸네렌톨라」나 「샹드리용」에서 주인공을 가리키는 호칭은 부뚜막에서 재투성이로 일하는 여성을 이르는 말일 뿐만 아니라 여성을 성적으로 모욕하는 의미를 담고 있었던 것이다.

그러나 「로도피스의 신발」을 시작으로 이후 유럽의 「고양이 첸네렌톨라」, 「샹드리용」, 「재투성이」까지 계승되는 과정에서, '매춘부'라는 직접적인 표현은 점차 사라지고 '신데렐라'나 '재투성이'라는 은유적인 단어로 대체되었다.


'재'의 의미

앞에서 언급했듯이 환상동화에서 부뚜막의 재는 이계와의 접점을 뜻하는데, 실제로는 고대부터 비누 대신 오염을 제거하는 용도로 사용했다. 재는 『구약성서』의 「사무엘 하」와 『신약성서』의 「마태복음」에서도 죄를 정화하는 의미로 쓰인다. 마찬가지로 떠들썩했던 카니발˙ 축제 뒤에는 '재의 수요일'이라는 참회

---

* 사순절에 앞서서 3일 또는 일주일 동안 즐기는 가톨릭 명절.

의 날이 있다. 즉 신데렐라 서사에서 재는 부엌에서 재투성이 상태로 일상을 보내야 하는 주인공의 처지를 의미함과 동시에 불결함과 그것을 정화하는 행위를 암시하는 것이다.

주인공은 재를 뒤집어쓰고 일한 끝에 비로소 결혼할 수 있게 되고, 그 조건으로 구두를 신어 보는 신부 시험이 진행된다. 신발이 딱 맞는다는 것은 민속학적으로 결혼을 통한 성적 화합을 나타내며 이런 상징성이 신데렐라 서사에서는 구두 모티프로 계승되어 왔다. 다만 동화라는 특성에 맞춰 노골적이지 않게끔, 어디까지나 암시에 그치고 있다. 그리고 이야기는 모두가 바라는 해피엔딩을 맞이한다.

# 중세 유럽의
# 결혼 원칙

금기가 되어 버린 신분을 초월한 사랑

중세 유럽, 신데렐라 서사는 분명 서민들 사이에서 계속 전해지
고 있었지만 사회적으로는 억제되고 있었다. 크리스트교의 영
향으로 신분을 초월하여 결혼하는 것이 금기시되었기 때문이
다. 자손을 남기기 위해서 어쩔 수 없이 신분 격차를 눈감아 주
는 경우도 있었지만 원칙적으로 결혼은 사회에서 동등한 위치
에 있는 남녀 사이에 이루어졌다. 특히 수사, 수녀의 독신 생활
이 모델이 되었다. 청렴함을 추구한 크리스트교인들에게 신데
렐라 서사에서 나타나는 부유한 삶에 대한 소망은 비판받아야
마땅한 것이었다.

이탈리아 제노바의 대주교인 야코부스 데 보라지네의 저서
『황금전설』이 이런 당시의 세태를 여실히 보여 주고 있다. 『황
금전설』은 고된 수행을 쌓으며 크리스트교 신앙을 심화시킨 성
자열전으로 유명하다. 그중에 「성인 바르암과 요사팟」이라는
이야기에는 13세기경, 바르암이 왕자 요사팟에게 우화를 들려

성인 바르암과 왕자 요사팟. 야코부스 데 보라지네는 크리스트교 신앙을 바탕으로 검소한 삶을 주제로 삼았다. 덕분에 주인공이 왕자와 결혼하여 신분이 상승하는 기존의 신데렐라 서사와는 다른 전개가 펼쳐진다.

시몬 우샤코프, 바르암과 요사팟 판화, 1680

주며 타이르는 장면이 있다. 그 내용은 이렇다.

> 어느 부유하고 신분이 높은 젊은이가 같은 신분의 여성과 약혼을 했다가 결혼 전에 도망친다. 도중에 집안 형편이 가난한 여인과 만나는데, 그녀는 부지런하고 마음씨가 고와 신께 매일 감사하며 살고 있었다. 젊은이는 그 모습에 반해 그녀의 아버지에게 결혼을 승낙받으려 하지만 여인의 아버지는 집안 형편이 다르다는 이유로 거절한다.
>
> 젊은이는 포기하지 않고 여인의 아버지를 설득한다. 결국 그는 결혼을 허락하는 한편, 하나밖에 없는 자식과 떨어져 살 수 없다며 가난한 집에서 함께 사는 것을 조건으로 한다. 젊은이는 값비싼 옷을 벗어던지고 허름한 옷을 입으며 살기 시작한다. 여인의 아버지는 그 젊은이의 모습을 오랫동안 관찰한 끝에 비로소 인정하며 자신이 가지고 있던 금은보화를 내주었다.
>
> ―야코부스 데 보라지네, 『황금전설』 중에서

일본의 민속학자 고노 신은 이 이야기가 기존 신데렐라 서사와 정반대의 이야기를 담고 있다고 말한다. 중세시대의 청렴한 풍조가 그대로 드러나 있기 때문이다. 당시에는 '초라한 행색의 노숙자에게 돈을 주는 사람이 그리스도'라는 전설이 퍼지고 있었고 크리스트교는 성금을 요구해서 금은보화를 획득하는 것을 신의 뜻에 반하는 일이라고 생각했다.

그렇게 중세 유럽 사회에서는 여성이 높은 신분의 남성과 결혼하는 장면이 의도적으로 배제되었다. 그러나 시대가 바뀌고 자본주의가 부흥하기 시작하자 상인들은 부자가 되기를 원했다. 이러한 민중의 소망을 바탕으로 하여 16세기에 이탈리아에서 「고양이 첸네렌톨라」가 등장했다고 할 수 있다. 유럽에서는 18세기 이후 자본주의의 발전과 함께 신데렐라 서사가 널리 퍼지는데, 그 연장선상으로 자본주의의 중심이 된 미국에서도 『신데렐라』가 폭발적인 인기를 얻게 된 것이다. 신데렐라의 부와 명성, 행복은 곧 자본주의가 지향하는 목표였다.

# 2.
# 중동에서
# 아시아까지

# 발 장식 이야기

The Anklet

Arabia

작자 미상 / 연도 미상

## 이슬람과 신데렐라

8세기 후반, 중동의 흥미로운 이야기를 모은 『아라비안 나이트 (천일야화)』가 등장했다. 페르시아의 왕 샤흐리야르가 왕비의 외도 현장을 목격한 후 여성에 대한 불신으로 난행을 부리자, 세헤라자드가 천 일에 걸쳐 재미있는 이야기를 들려주며 왕을 저지했다는 것에서 유래했다.

　『아라비안 나이트』의 882~883화에 「발 장식 이야기」가 수록되어 있는데, 이 이야기 역시 문서로 기록된 신데렐라 서사 중에 하나다. 어느 시대에 수록되었는지는 확실하지 않지만 역사적으로는 중세시대일 것이라고 추측한다.

어느 나라에 세 이복자매가 모시로 뜨개질을 하며 살았다. 세 자매 모두 아름다웠지만 그중 막내는 유독 뛰어난 미모를 지녔고 일도 능숙해 언니들의 시샘을 받고 있었다. 막내도 그 사실을 알고 있었기에 눈에 띄지 않게 주의하며 부지런히 뜨개질을 하곤 했다. 그러던 어느 날, 막내는 그동안 번 돈으로 시장에서 작은 항아리를 산다.

그녀는 방에 작은 항아리를 놓고 장미 한 송이를 꽂아 정성스레 돌본다. 작은 항아리에는 마법의 힘이 있어서, 말을 걸면 무엇이든 소원을 들어주었다. 방에 혼자 있을 때 그녀는 아름다운 옷, 맛있는 음식 등 원하는 것을 작은 항아리에서 꺼내어 즐기는 한편 언니들에게는 이 사실을 비밀로 한다.

어느 날, 왕이 생일을 맞아 연회를 베풀고 여성들을 초대한다. 언니들은 막내에게 집을 지키라고 하고는 옷을 차려입고 성으로 향한다. 언니들이 떠난 뒤 막내는 작은 항아리에게 아름다운 옷과 반지, 장신구, 발 장식(발찌)을 부탁한다. 이내 항아리가 옷과 장신구들을 건네주자 막내는 외출할 채비를 하고 왕궁으로 떠난다.

왕궁에서는 그녀의 미모가 가장 돋보였고, 왕자를 비롯해 모두의 주목을 받으며 마치 왕비처럼 존경받는다. 그러나 그녀는 들키지 않기 위해 언니들보다 먼저 집으로 돌아가려다가 말이 사용하는 물그릇에 발 장식을 떨어뜨리고 만다. 하인이 이를 발견하고 왕자에게 전달하자 왕자는 작고 값비싼 장신구에 감탄하며 발 장식의 주인과 결혼하고 싶다는 뜻을 왕에게 전한다. 왕은 그 의견에 반대하지 않고 왕비에게 수색을 부탁하라고 이른다.

샤흐리야르에게 천 일 동안 이야기를 들려주는 세헤라자드.

페르디난트 켈러, 「세헤라자드와 샤흐리야르 술탄」, 1880

왕비는 시녀를 데리고 발 장식의 주인을 찾으러 나선다. 일행은 이윽고 세 자매의 집까지 도달했고 두 언니가 먼저 발 장식을 차 보려고 했으나 발이 너무 커서 들어가지 않는다. 그런데 마지막으로 막내가 발 장식을 착용하니 딱 맞는다. 곧바로 결혼 준비가 이루어졌는데, 두 언니는 막내를 돕는 시늉을 하다가 질투에 눈이 멀어 마법의 핀을 막내의 머리에 꽂고 만다. 막내는 멧비둘기로 변해 창밖으로 날아가 버린다.

한편, 그 소식을 들은 왕자가 낙담하며 창밖을 바라보고 있는데 그곳으로 멧비둘기 한 마리가 날아온다. 멧비둘기는 사람을 무서워하지 않고 붙잡아도 얌전했다. 왕자가 머리를 만져 보니 핀 같은 것이 있어 뽑아 주자 멧비둘기는 원래의 아름다운 여인으로 변신한다. 매우 기뻐한 왕자는 그녀와 결혼한 후 많은 아이를 낳는다. 못된 두 언니는 병이 생겨 요절한다.

－도요시마 요시오 외, 『완역 천일야화 12』 중에서

「발 장식 이야기」에는 계모가 등장하지 않지만 다른 신데렐라 서사와 전개가 비슷하게 흘러간다. 다만 다른 점을 꼽자면 구두나 신발 대신 발 장식이 등장한다는 것이다. 요소는 다르지만 발이 큰 두 언니와는 다르게 주인공에게는 발 장식이 딱 맞았다는 점에서, 주인공의 작은 발을 강조하고 있다는 사실에는 변함이 없다.

이슬람교를 믿는 아라비아는 남성 중심 사회다. 이야기에서도 드러나듯이 왕자가 막내에게 첫눈에 반해 구혼을 하는데 막내는 자신의 의견을 드러내지 않고 끊임없이 수동적으로 행동한다. 대부분의 신데렐라 서사와 마찬가지로 남성이 주도권을 잡고 여성이 그 뜻에 순응하는 구조를 읽을 수 있다.


## 아라비아 서사의 특징

『아라비안 나이트』라고 하면 「알라딘과 요술 램프」 혹은 '마법의 양탄자'가 먼저 떠오른다. 아라비아에서는 요술 램프가 불의 영력과 깊은 관련이 있으며 마법의 양탄자에는 천공을 누비는 힘이 있다고 믿었다. 한편, 「발 장식 이야기」에서는 발 장식과 작은 마법 항아리, 그리고 멧비둘기가 이야기 전개에 중요한 역할을 한다. 이러한 소재는 민화 속에서 어떤 의미를 갖고 있는 것일까?

오랜 역사를 지닌 장신구는 고대에 권위를 상징하거나 악한 기운을 막아 주는 신성한 물건으로 여겨졌다. 발 장식은 주로 유목민이 즐겨 착용하던 것으로 치장보다는 부적의 용도였다. 고대의 장신구는 신체 여러 부위 가운데 제일 약한 부분에 마귀가 깃드는 것을 막기 위해 쓰이는 것이 일반적이었으며 그중에서도 발 장식은 발목을 보호하는 역할을 했다. 「발 장식 이야기」에서 주인공이 행운을 얻을 수 있었던 것은 장신구의 신비한 힘 덕분이었다.

주인공이 손에 넣은 작은 항아리는 보통 물을 담는 용기로 쓰였고 사막에서 사는 사람들에게 매우 중요한 물건이었다. 작은 항아리가 마력을 가진다는 발상은 그런 의미에서 나온 것이다. 멧비둘기는 아프리카부터 아라비아반도까지 서식하며 사랑의 상징으로 여겨졌다. 「발 장식 이야기」에서 왕자가 멧비둘기에게 관심을 가진 이유는 사랑의 상징적 의미를 이해하고 있었기 때문일 것이다. 종교적으로 생각해 보면 멧비둘기의 등장은 두 사람을 이어 주려는 신의 뜻을 암시한 것이라고 할 수 있다.

# 아름다운 헤나

Henna Leaf

Yemen

작자 미상 / 연도 미상

## 물을 숭배하는 사람들

아라비아반도의 남부에 위치하는 예멘에는 신데렐라 서사의 일
종인 「아름다운 헤나」가 전해져 내려오고 있다. 예멘은 에티오
피아와 소말리아가 위치한 '아프리카의 뿔'[12]에서 가깝기 때문
에 일찍부터 아프리카와 교류가 활발했다. 이야기의 근원지가
아프리카인지 확인할 수 있는 자료는 없지만 뒤에서 설명할 헤
나의 풍습을 보면 아프리카 문화와 비슷한 점을 느낄 수 있다.

---

12  아프리카 대륙의 동쪽에 뿔처럼 뾰족 튀어나와 있는 부분으로, 아라비아반도와
거의 붙어 있듯이 가깝다.

이야기는 브라이카 알 하나[13]라는 어여쁜 여자아이의 탄생과 함께 시작한다. 헤나의 어머니는 그녀를 낳다가 목숨을 잃었고 집안에는 계모가 들어온다. 얼마 후 계모에게서 에크람[14]이라는 못생긴 딸이 태어난다. 계모는 아름다운 헤나를 질투해 남편에게 딸을 내쫓도록 한다. 할 수 없이 그는 헤나를 말에 태워 아무도 없는 황야로 데려갔고, 용변을 보러 간다고 속이고는 그대로 두고 떠나 버린다. 헤나는 오랜 시간 기다렸지만 아버지가 돌아오지 않자 노래를 부른다.

"아버지, 아아, 아버지, 언제까지 소변을 보실 건가요? 이미 메마른 계곡과 평지를 다 채웠는데!"

알 하드르 빈 아바스라는 이가 그 노래를 듣고 찾아온다. 그는 헤나의 이야기를 들어주고 함께 있어 준다. 아바스가 "말은 어디에 묶어두면 좋을까?"라고 묻자 헤나는 "제 다리에 묶으세요."라고 대답했다. 그가 "어디서 자면 좋을까?"라고 하자 헤나는 "저를 베개 삼아 주무세요."라고 거리낌없이 대답했다.

아바스는 아침에 동이 트고 태양의 붉은 테가 나타나면 깨우라고 하고는 잠든다. 이튿날 약속한 시간이 되었고 헤나의 부름에 일어난 아바스는 그녀와 함께 황야를 걷다가 강을 마주한다.

---

13  '아름다운 헤나 잎'이라는 뜻이다. 이하 '헤나'라고 불린다.

14  '털이 덥수룩하게 난 상태'라는 뜻.

"기다릴 테니까 강에서 마음껏 놀다 오너라."

그의 말에 헤나가 강에서 신나게 헤엄치다 오니 몸에 금빛 장신구가 걸쳐져 있었다.

아바스가 헤나에게 돌아가는 길을 아냐고 묻자 헤나는 고개를 가로저을 뿐이었다. 아바스는 어느 방향을 가리키고는, 눈을 감고 있다가 지붕에 도착했다고 생각했을 때 눈을 뜨라고 말한다. 그렇게 순식간에 지붕 위에 도착한 헤나는 아버지를 향해 외친다.

"아버지, 아아, 아버지, 언제까지 소변을 보실 건가요? 이미 메마른 계곡과 평지를 다 채웠는데!"

헤나의 외침과 동시에 지붕에 황금이 떨어진다. 계모가 남편에게 지붕 위를 살펴보게 했더니 헤나가 황금을 들고 있었다. 계모는 질투가 나서 남편에게 자신의 딸 에크람을 똑같이 황야에 버리게 한다. 그러나 에크람은 아바스를 모질게 대한 탓에 온몸에 뱀과 벼룩, 그리고 온갖 역겨운 벌레가 붙은 채 집으로 돌아온다.

세월이 흘러 헤나는 결혼을 하게 된다. 결혼식 당일, 계모는 헤나 대신 에크람을 신부로 바꾸고 헤나를 부엌으로 밀어 넣는다. 그러나 영리한 헤나는 계모가 바빠질 때를 노려 에크람에게 가서 속삭인다.

"나에게 베일을 주고 부엌으로 가 봐. 맛있는 음식이 많아."

에크람이 부엌으로 간 사이에 헤나는 무사히 결혼을 할 수 있었다. 이를 눈치챈 계모는 하룻밤 꼬박 달려서 새벽에 헤나 부부의 집 대문을 흔든다. 헤나와 남편은 지붕 위로 도망갔다가 해가 뜨자 돌을 떨어뜨려 계모를 죽인다.

―오자와 도시오 외, 『세계의 민화 35 예멘』 중에서

예멘의 전설에는 그 일대를 다스리던 통치자로 에티오피아 출신의 시바 여왕이 등장한다. 시바 여왕은 솔로몬 왕의 지혜를 시험한 성경 속 일화로도 유명하다. 그녀가 에티오피아 출신이라는 것에서 알 수 있듯이 예멘은 오래전부터 가까운 아프리카와 문화적 교류를 허용했다. 또한 이 민화는 황무지에 소변을 뿌려 풍요로운 농지로 바꾸고 강에서 헤엄치다가 황금을 얻는 등, 사막 주민들의 풍요로운 농지에 대한 소망을 담고 있다는 점에서 이 지역 사람들이 물을 숭배했다는 사실을 읽을 수 있다.

「아름다운 헤나」는 어려움 속에서도 타인을 위한 선의의 마음가짐이 필요하다는 교훈을 전하고 있다. 이야기의 구조나 황야에 버려지는 주인공의 수동적인 모습에서는 신데렐라 서사의 전형적인 특징이 나타난다. 돌을 떨어뜨려 계모를 죽였다는 대목은 뒤에서 소개할 「노간주나무 이야기」에서도 볼 수 있고, 마지막에 신부가 교체되는 장면은 『그림동화』에 수록된 「하얀 신부와 까만 신부」의 모티프와 유사하다. 이런 이야기들은 권선징악을 주제로 한다는 공통점이 있다.

©vireshstudio

헤나는 악운을 쫓아내고 행운을 가져다 주는 장신구 역할을 했다. 결혼식에서도 자주 쓰이며 「아름다운 헤나」에서는 주인공 헤나를 행복한 결혼으로 이끌어 주고 있다.

헤나는 착색 염료를 만드는 나무인데 향기가 매우 좋다. 이집트, 아라비아반도, 이란, 인도에서 넓게 자생하고 있고 고대부터 약초나 향수로도 쓰이던 귀한 재료였다. 「아름다운 헤나」에 등장하는 헤나는 약초 또는 그것을 다루는 여성을 상징한다. 헤나는 아라비아반도나 인도의 여성에게 있어서 행복한 결혼을 상징하는 나무라고 전해지는데 「아름다운 헤나」에서는 주인공의 운명과도 얽혀 있다. 지금도 헤나를 이용한 손발 장식은 화려하면서도 문신과 달리 지울 수 있다는 점에서 인기가 많다. 결혼식에서도 신랑과 신부의 손바닥에 헤나를 그리는 풍습이 계속 전해지고 있다.

이런 문화적 토양을 배경으로 한 「아름다운 헤나」는 행운의 결혼을 상징하는 이야기가 되었다. 신데렐라 서사의 기본 구조인 신발 모티프가 빠지긴 했지만, 발에 헤나 문양을 그리는 결혼식의 풍습과 결국 비슷한 맥락이 아닐까?

# 이마에 뜬 달

Mah-pishani

Persian Empire
작자 미상 / 연도 미상

## 소의 고기를 먹지 말라

「이마에 뜬 달」은 「고양이 첸네렌톨라」와 전개가 유사하다. 다만 다른 점은 이슬람의 특색이 짙게 묻어난다는 것이다. 잘 알려져 있듯이 이 이야기에서 등장하는 달과 별은 이슬람의 상징이다. 주인공의 이름인 '파티마'는 달의 여신을 의미하기도 하며 동시에 이슬람교를 창시한 무함마드의 딸 이름이기도 하다.

어느 부유한 부부에게 파티마라는 딸이 있었다. 파티마에게는 믿고 존경하던 종교 학교 교사가 있었는데, 그 교사는 딸이 하나 있는 과부였다. 교사는 파티마 집안의 재산에 눈이 멀어서 제자인 파티마를 부추겨 그녀의 어머니를 죽이려 한다. 파티마는 교사의 감언이설에 넘어가 자신의 어머니를 식초가 든 항아리에 빠뜨리고 뚜껑을 닫아 죽인다.

교사는 파티마의 아버지와 재혼하자마자 파티마에게 차갑게 대하기 시작한다. 파티마는 상한 음식만 먹으며 노란 암소를 돌보고 뜨개질을 해야만 했다. 서러워진 파티마가 울고 있자 노란 암소가 말을 걸어 일을 도와준다. 암소는 사실 항아리 속에서 죽은 그녀의 어머니였다. 암소는 엉덩이에서 황금 실을 꺼내 주었고 그런 신기한 일이 세 번이나 반복된다.

그런데 마지막으로 받은 황금 실이 바람에 날려 우물 속으로 떨어지고 만다. 파티마가 노란 암소에게 사실을 말하자, 암소는 이렇게 답한다.

"우물 안으로 들어가 꺼내 오는 수밖에 없어. 그 안에는 마녀가 사는데 예의를 갖추고 황금 실을 돌려 달라고 부탁해 봐."

그 말대로 우물 속으로 들어가니 정말 마녀가 있었다. 파티마는 예를 갖추어 인사한 뒤 우물 안으로 들어온 이유를 설명한다. 그리고 마녀의 머리카락에 있는 이를 잡아 주기도 하고 방 청소도 대신해 주며 마침내 황금 실을 가져가도 좋다는 허락을 얻는다. 방에는 금은보화가 가득했지만 파티마는 황금 실만 챙긴 뒤 사다리를 타고 지상으로 올라가기 시작한다. 그러자 마녀가 갑자기 사다리를 흔든다. 파티마는 황금 실만 가지고 있었기에 떨어뜨릴 것이 없었다. 마녀는 흡족해하며 "이 아이의 이마에 달이 뜰 것이다."라고 주문을 외운다. 이윽고 파티마가 지상에 이르자 마녀는 "이 아이의 턱에 별이 뜰 것이다."라며 한 번 더 주문을 외운다.

파티마의 얼굴은 달과 별이 새겨져 아름다워진다. 그러나 암소는 눈에 띌 수 있으니 천을 감아 숨겨 두라고 충고한다. 파티마는 암소의 말대로 했지만 어둠 속에서는 달빛과 별빛을 숨길 수 없었고 결국 계모가 눈치채 버린다. 파티마는 계모의 추궁에 못 이겨 있었던 일을 모두 털어놓는다.

계모는 질투심에 사로잡혀 자신의 딸에게도 같은 행운을 얻게 하기 위해 딸을 우물 바닥으로 내려보낸다. 하지만 그녀는 마녀에게 인사조차 하지 않고 방 안에 있던 보석을 훔쳐 그대로 지상으로 돌아오려고 한다. 그러자 마녀가 화를 내며 "네 이마에서는 당나귀의 성기가, 턱에서는 뱀이 자라날 것이다!"라고 외친다. 계모의 딸은 괴이한 얼굴이 되었고 죽을 때까지 원래대로 돌아오지 않았다.

계모는 암소가 파티마의 어머니라는 것을 깨닫고 잡아먹으려 한다. 암소는 위험을 예감하고 울면서 파티마에게 말한다.

"나의 고기는 먹지 말고, 뼈를 모아서 묻어 줘."

계모는 결국 암소를 죽이고 먹어 버린다.

그 일이 있고 며칠 뒤, 가까운 동네에서 혼례 소식이 들린다. 계모와 딸은 옷을 차려입고 나가며 파티마에게는 밤을 골라내는 일을 시켜 밖으로 나가지 못하게 한다. 그러자 닭이 병아리를 데리고 나타나 도와준다. 가축 막사 안에는 아름다운 의상도 갖춰져 있어, 그녀는 옷을 갈아입고 결혼식 연회에 참

석한다. 그러나 예식장에서 의붓자매에게 들켜 황급히 빠져

나오려다 연못에 한쪽 신발을 빠뜨리고 만다.

때마침 이웃나라의 왕자가 말을 타고 예식장에 도착한다. 말

에게 물을 먹이려 연못으로 데려갔는데 무슨 연유에서인지

말은 연못에 가까이 가지 않았다. 이상하게 여긴 왕자가 말에

서 내려 연못으로 다가가자 아름다운 신발이 떨어져 있었다.

왕자는 그 신발에 발이 딱 맞는 여인과 결혼하기 위해 신발의

주인을 찾아다닌다.

마침내 왕자는 파티마의 집까지 찾아왔고 파티마는 부뚜막

안에 숨는다. 그러나 수탉이 나타나 파티마가 부뚜막에 있다

고 노래하는 바람에 들키고 만다. 구두는 파티마의 발에 딱

맞았다. 왕자는 그녀와 결혼했고 두 사람은 행복하게 살았다.

반면 계모와 그 딸은 파티마의 행운이 분한 나머지 결국 홧병

이 나 죽고 만다.

―야마무로 시즈카, 『세계의 신데렐라 이야기』 중에서

## 동서양 서사의 만남, 그리고 달과 별

「이마에 뜬 달」에서는 동양과 서양의 신데렐라 서사가 합쳐진

독특한 현상이 눈에 띈다. 우물 안으로 들어가 마녀를 만나는

장면은 『그림동화』에 수록된 「홀레 아주머니」와 비슷하고 조력

자 암소는 동양에서 자주 등장하는 동물이다. 암소가 뼈를 묻어

달라고 한 대목에서는 뼈에 초능력이 있다고 믿었던 오래된 애

니미즘의 세계관을 엿볼 수 있다. 이렇듯 페르시아는 유라시아

이슬람을 상징하는 달은 이슬람교의 경전인 코란에도 등장한다. 위 그림은 무함마드가
달을 쪼개고 있는 모습을 표현한 것이며 '무함마드의 기적'이라고 불린다. 심판의 날에 달이
갈라지는 것이라고 해석하기도 한다. 무함마드는 이슬람교의 우상 숭배 금지령에 따라
얼굴이 가려져 있다.

작자 미상, 달을 가르는 모하메드, 16세기

대륙의 중동이라는 위치적 특성 덕분에 동양과 서양이 섞인 모티프를 탄생시킬 수 있었다.

　한편, 앞에서도 언급했듯이 달과 별은 이슬람의 가장 중요한 상징물이기 때문에 「이마에 뜬 달」에서도 중요한 요소로 등장한다. 과거 오스만 제국의 국기에도 붉은 바탕에 흰색 달과 별이 그려져 있었다. 현재도 터키, 파키스탄, 리비아, 알제리, 튀니지, 투르크메니스탄, 우즈베키스탄 등의 이슬람 국가들은 달과 별을 본뜬 국기를 사용하고 있다.

# 노예의 딸

奴隶的女儿

Tibet

작자 미상 / 연도 미상

## 실크로드로 전해진 이야기

신데렐라 서사는 동양에서도 그 흔적을 찾을 수 있다. 해발 평균 5천 미터에 달하는 티베트 고원에는 실크로드의 문화적 영향을 받은 신데렐라 서사가 유입되었다.

티베트에 농노제가 있던 시절의 일이다. 주인공 용시는 노예 집안에서 태어났고 부모님은 소와 말처럼 일만 해야 했다. 다만 용시의 어머니는 딸이 아름답고 지혜로운 것을 유일한 위안으로 삼고 있었다.

용시가 태어난 날, 안주인의 집안에서 바전이라는 여자아이

도 함께 태어나는데 두 아이는 생김새가 꼭 닮았다. 안주인은
자신의 딸과 너무 닮은 용시를 미워해 죽이려 하지만 곧 단
념한다. 용시의 아버지는 용시가 태어난 후 얼마 지나지 않아
세상을 떠나고, 용시는 여섯 살이 되자 100마리의 양을 이끄
는 혹독한 노동을 강요당한다. 그래도 집에 돌아와 자상한 어
머니의 품에 안기면 모든 고생을 잊을 수 있었다.

그런데 어느 날 용시의 어머니가 소의 젖을 짜고 있는데 소가
우유로 가득 찬 통을 발로 차서 우유를 흘리고 만다. 그것을
본 안주인이 화가 나 우유통으로 어머니의 머리를 세게 내려
친다. 용시는 이상한 낌새를 느끼고 어머니에게 달려가 간호
했지만 소용없었다.


"다음에는 소로 환생하여 너를 지켜 주마."


어머니는 이 말을 남기고는 곧 숨을 다한다.

이튿날 아침, 외양간에서 망아지가 태어난다. 용시는 망아지
를 매우 귀여워했고 망아지도 그녀의 말을 잘 들으며 잘 때도
함께했다. 망아지는 무럭무럭 자라 금세 어엿한 소가 되었다.
그렇게 며칠 뒤, 안주인은 용시에게 다음 날까지 양들을 돌보
면서 양털로 실타래 열 개를 만들라고 지시한다. 터무니없는
요청에 난감해진 용시는 소에게 하소연한다. 그러자 소는 "내
일 분명 무언가가 너를 도와줄 거야."라고 의미심장한 예언을
남긴다.

다음 날 아침, 용시는 양털뭉치를 들고 양들을 끌며 산에 올
라갔다. 산중턱에 이르러 들장미에 양털뭉치를 걸고 실타래

로 만들어 달라고 부탁하자 들장미는 양털을 바람에 휘날려서 열 개의 실타래를 만들어 준다. 그것을 집에 가져갔는데 안주인은 되려 못마땅하게 여기며 다음 날, 실타래로 담요를 짜게 한다. 용시는 이번에도 소에게 고민을 털어놓는다. 소는 버드나무에게 도움을 받으라고 조언했고 덕분에 일을 수월하게 마칠 수 있었다.

이상하게 여긴 안주인은 용시에게서 담요를 짜는 방법을 캐묻고 같은 방법으로 자신의 딸에게 시켰으나 잘 되지 않았다. 안주인은 소가 용시를 돕고 있다는 것을 깨닫고 화가 나 소를 죽이려고 한다. 소는 마지막으로 용시에게 이렇게 이른다.

"나의 가죽, 뿔, 발굽, 창자를 숨겨 두고 곤란한 상황이 왔을 때 꺼내어 소원을 빌면 무엇이든 이루어질 거야."

용시가 열여섯 살이 되었을 때, 왕자가 배필을 구한다는 소식이 들린다. 안주인은 바구니에 담긴 순무의 씨를 흩뿌리더니 용시에게 줍도록 하고는 자신의 딸을 아름답게 차려입히고 함께 왕궁으로 향한다. 용시가 어찌할 바를 몰라 하자 작은 새들이 찾아와 작업을 도와주었고 얼마 지나지 않아 씨앗을 모두 모을 수 있었다. 그러나 초라한 모습으로는 왕궁에 갈 수 없었다. 그때 용시는 소의 말을 떠올린다. 숨겨 두었던 소의 가죽, 뿔, 발굽을 꺼내어 소원을 빌자 갑자기 누더기 옷이 멋진 의상으로 변한다. 용시가 옷을 갈아입고 왕궁에 가니 모두들 그 아름다움에 넋을 잃는다.

왕은 왕자가 쏜 화살이 품 속에 들어간 사람을 신부로 삼겠다고 선언한다. 화살은 용시의 품에 들어갔으나 안주인이 화살을 재빠르게 빼앗아 딸의 품에 넣는다. 왕은 이어 신발을 꺼내더니 발이 딱 맞는 사람을 신부로 삼겠다고 외쳤다. 그 신발은 안주인의 딸이나 다른 사람의 발에도 맞지 않았고 용시가 신어 보니 딱 맞았다. 용시는 왕자와 결혼해서 행복하게 살았다.

－모모타 야에코,
『실크로드를 잇는 전래 동화, 중국의 그림동화』 중에서

## 목축 문화와 소의 역할

유라시아 대륙의 신데렐라 서사에는 소가 조력자로 자주 등장한다. 특히나 티베트는 냉랭한 기후로 농업보다 목축이 번성했기 때문에 소와 연관된 이야기들이 담긴 것으로 보인다.

「노예의 딸」은 주인공인 용시가 처한 상황, 안주인의 괴롭힘, 어머니를 대신하는 조력자의 등장, 신발 모티프 등으로 이어지는 전개가 유럽의 신데렐라 서사와 거의 동일하다. 이때 곤경에 처한 용시를 도와주는 조력자는 「샹드리용」에 나오는 요정이나 「재투성이」의 개암나무와 같은 역할을 한다.

동서양 문화가 교류되었던 실크로드를 따라 유럽의 신데렐라 서사가 아시아 지역에 전파되었고 그것을 목축 생활과 소 숭배에 맞추어 개편했을 것이라고 추측한다.

# 예시엔

葉限

China

단성식 / 860년

## 물고기의 신비한 힘

윈난성, 장시성 등 중국 남부에는 신데렐라 서사가 여럿 전해져 내려온다. 그중에는 중국의 고대 문헌에도 남아 있는 유명한 「예시엔」이 포함되어 있다. 광활한 중국에서는 유교 윤리가 사회 규범이 된 탓인지 주인공이 의붓자매에게 학대당하는 이야기가 많지 않다. 또 한 가지 특징은, 주변 지역인 티베트의 「노예의 딸」처럼 암소가 조력자로 등장하는 이야기가 존재한다는 것이다. 그중에서도 「예시엔」에는 예외적으로 물고기가 등장한다. 물고기가 조력자인 경우는 드물어서 그 가치가 매우 높다. 아마도 「예시엔」 또한 중국 주변부의 소수 민족들로부터 유입되었으리라 추정된다.

남방에는 다음과 같은 전설이 있다. 진나라와 한나라 이전에, 동洞 마을에 우 씨吳氏라는 사람이 있었다. 그에게는 두 명의 아내가 있었는데, 그중 한 아내가 예시엔이라는 아이를 낳고 세상을 떠난다. 우 씨는 예시엔을 무척 귀여워했지만 머지않아 그도 죽고 말았다. 이후 친부모를 모두 잃은 예시엔은 계모에게 괴롭힘을 당하며 험준한 산으로 나무를 하러 가거나 위험천만한 깊은 강에서 물을 길어야 했다.

어느 날 예시엔은 붉은 지느러미와 금빛 눈을 가진, 손가락두 마디 남짓한 크기의 물고기를 잡는다. 예시엔은 그 물고기를 집에 데려다 그릇에 담아 길렀는데 나날이 몸집이 커져서 집 뒤편에 있는 연못에 풀어 놓는다. 그녀는 매일 자신이 먹고 남은 것을 물고기에게 준다. 물고기는 예시엔을 잘 따르며 그녀 앞에서는 물 밖으로 머리를 드러내기도 했지만 다른 사람에게는 모습을 보이지 않았다. 물고기는 금세 쑥쑥 자란다. 계모는 이 사실을 알고 기회를 엿보다가 연못으로 찾아갔지만 물고기는 한 번도 나타나지 않았다. 계모는 꾀를 내어, 예시엔에게 새 옷을 주고는 먼 곳에서 물을 길어 오라고 시킨다. 그리고는 예시엔의 옷을 입고 날카로운 칼을 소매에 감춘 뒤 연못으로 가서 물고기를 부른다. 물고기가 얼굴을 내밀자 계모는 물고기를 칼로 찔러 죽인 뒤 3미터까지 자란 커다란 물고기를 요리해서 먹고 뼈를 퇴비 밑에 숨긴다.

한참 뒤에 예시엔이 돌아와 물고기를 불렀지만 연못은 고요했다. 자초지종을 깨달은 예시엔은 들판에서 하염없이 통곡한다. 그러자 하늘에서 허름한 옷을 입은 사람이 내려와 예시엔을 달래며 이렇게 말한다.

"계모가 물고기를 죽였다. 뼈는 퇴비 아래에 있으니 그것을 파내어 방 안에 넣어 두어라. 원하는 것이 있다면 뼈에게 소원을 빌어라. 네가 원하는 대로 될 것이다."

그런 일이 있고 나서 시간이 흘러 명절이 되었다. 계모와 의붓언니는 축제에 참석하러 가며 예시엔에게 마당에 있는 과일을 지키라고 지시한다. 예시엔은 계모가 외출하기를 기다렸다가 물고기의 뼈에게 소원을 빌었고 물총새의 깃으로 지은 옷과 황금신발을 얻어 축제에 나간다. 그러자 의붓언니가 예시엔을 발견하고 계모에게 그 사실을 알린다. 예시엔은 정체가 탄로 날 것이 두려워 서둘러 집으로 돌아가려고 하다가 도중에 신고 있던 황금신발 한 짝이 벗겨지고 만다. 그리고 지나가던 마을 사람이 그것을 줍는다.

마을 근처에는 타한陀汗이라는 강대국이 있었다. 신발을 주운 사람은 그것을 타한의 국왕에게 팔아 버린다. 국왕은 작은 신발에 감탄하여 시험 삼아 여인들에게 신겨 본다. 그러나 누구 하나 맞는 사람이 없었다. 그는 하인을 시켜 신발이 맞는 여인을 찾게 하고, 마침내 근처 마을에서 예시엔을 찾아낸다. 물총새의 깃으로 치장한 예시엔은 자칫 선녀로 착각할 정도로 아름다웠다. 사연을 들은 국왕은 그녀와 함께 신비한 물고기의 뼈를 들고 귀국하여 예시엔을 왕비로 삼는다. 계모와 그 딸은 돌에 맞아 비참한 최후를 맞는다.

왕은 뼈가 가진 신비한 능력 덕에 한 해 동안 많은 보물을 손에 넣을 수 있었다. 그러나 얼마 후 그 효력이 다해 뼈를 땅에 묻었는데 그만 바닷물에 떠내려가고 말았다. 지금까지, 나의

집에 머물던 동 마을 출신의 하인, 이사원이 전한 남방의 기
이한 이야기였다.

−단성식, 『유양잡조』 중에서

이 이야기의 구조가 유럽의 신데렐라 서사와 유사하다는 것
은 분명하다. 예시엔의 처지, 계모의 괴롭힘, 조력자의 출현과
신비한 힘, 황금신발을 신어 보는 신부 시험, 결혼으로 신분이
상승하는 해피엔딩에서 그 근거를 찾을 수 있다. 특히 여성의
작은 발을 강조하고 있는데 이는 전족 풍습의 영향을 받은 것
이다.

「예시엔」에서 주목해야 할 것은, 출판 기록이 860년이라고
확실하게 밝혀진 점에 있다. 따라서 이 민화는 유럽의 신데렐라
이야기보다 800년가량 앞선 당나라 때의 이야기다. 뿐만 아니
라 그 이전에도 구전 형식으로 전해지고 있었다는 사실이 이야
기의 마지막 문장에서 드러난다.

## 중국의 신데렐라 서사와 그 기원

일본의 민속학자 미나카타 구마구스는 1911년에 「예시엔」을
「서기 9세기의 지나서에 실린 신데렐라 이야기」라는 제목으로
소개했다. 그는 유럽의 신데렐라 서사와 「예시엔」 사이에 연관
성이 있다고 보았다. 구마구스에 따르면 이 이야기는 동양에서
실크로드를 따라 유럽으로 유입되었을 것이라고 한다. 그것이

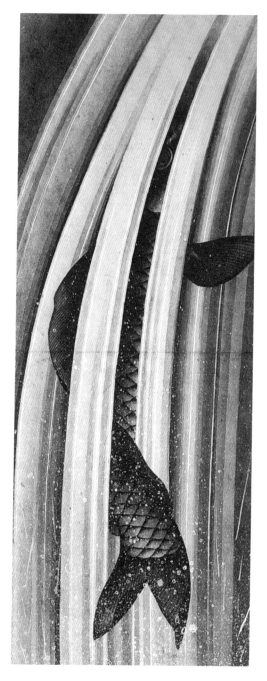

오늘날 출세의 길을 뜻하는
'등용문(登龍門)'은 잉어가 폭포를
거슬러 올라가 황허 상류에
도달하면 용이 된다는 중국의
한 전설에서 비롯되었다. 잉어는
중국에서 예로부터 풍요와 길조의
상징이었으며 물고기 토템 신앙을
대표하는 동물이라고 할 수 있다.

가쓰시카 호쿠사이, 폭포를 뛰어오르는
잉어, 연도 미상

사실인지 증명하기는 쉽지 않지만 살펴볼 만한 의견이다.

「예시엔」은 9세기에 기록되었지만 그보다 훨씬 오래된 진나라(기원전 778년~기원전 206년)나 한나라(기원전 206년~기원후 220년) 때에 탄생했을지도 모른다. 게다가 '동'이나 이웃나라 '타한'이라는 지명이 나온다는 점에서 남방에서 유래했을 가능성도 있다. 그렇다면 이런 지역은 구체적으로 어디쯤에 있는 걸까?

민속학자 기미시마 히사코는 「예시엔」이 한족 자체의 민화가 아니라 남방의 좡족에서 온 것이라고 설명한다. 좡족의 민화에도 생선 뼈가 조력자 역할을 하는 모티프가 있다는 것이 그 근거였다. 참고로 좡족이란 현재 중국 남부의 광시, 광동, 구이저우, 윈난, 후난의 각 성省 및 베트남 북부에 거주했던 소수민족이다. 사실 이 부근부터 인도차이나반도에 걸쳐서 많은 신데렐라 서사가 존재하는데, 그중에서 베트남에는 「예시엔」처럼 조력자가 물고기인 신데렐라 서사가 남아 있다. 바로 다음에서 소개할 「떰과 깜」이라는 이야기다.

# 떰과 깜

Tấm Cấm

Vietnam

작자 미상 / 기원전 4세기 추정

## 충격적인 결말

베트남에서 오랫동안 이어지는 이야기들 가운데 신데렐라 서사
로 꼽히는 「떰과 깜」이 있다. 야마무로 시즈카는 『세계의 신데
렐라 이야기』에서 오토 카로의 『베트남 동화』를 참조하면서 이
이야기를 소개하고 있다.

어느 부부 사이에 깜이라는 외동딸이 있었는데, 어머니가 죽
자 아버지는 아이가 딸린 과부와 재혼한다. 계모의 딸인 떰은
아주 심술궂었다. 계모는 떰과 깜에게 바구니를 건네주고 강
에서 물고기를 잡아 오라고 심부름을 시킨다. 두 사람은 강으

로 나섰는데 깜은 물고기를 많이 잡았지만 떰은 조금도 잡지 못한다. 그러자 떰은 언니인 깜의 물고기를 훔친다. 깜이 슬퍼서 울고 있자 하늘에서 요정[15]이 나타나 이렇게 말한다.

"바구니에 남은 작은 물고기에게 먹이를 주고 몰래 기르렴."

깜은 덤불 속에서 자신이 먹을 음식을 물고기에게 나눠 주며 애지중지 키운다.

그런데 떰은 깜이 물고기를 키우고 있다는 것을 알고 있었다. 떰은 언니의 옷차림을 흉내내 물고기를 불러내어 죽인 뒤 먹어 버린다. 깜은 물고기가 없어졌다는 것을 알고 목놓아 운다. 그때 수탉이 나타나 집 뒷마당에 물고기의 뼈가 버려져 있다고 가르쳐 주고는 그 뼈를 항아리에 담아 묻으라고 귀띔한다. 깜이 뼈를 묻고 슬퍼하고 있으니 요정이 다시 나타나, 뼈에 소원을 빌면 원하는 것을 다 들어줄 것이라고 일러 준다. 그 덕에 깜은 아름다운 상의와 긴 바지, 그리고 신발을 얻을 수 있었다.

어느 날 깜은 들판에서 옷을 갈아입다가 젖은 신발을 말려 두었는데, 그때 새가 신발 한 짝을 물고 왕궁으로 날아가 왕자 앞에 떨어뜨린다. 왕자는 신발의 주인과 결혼하겠다고 선언한다. 그 소식을 들은 계모는 떰을 데리고 왕궁으로 향한다. 깜도 왕궁으로 가려는데 계모가 깨와 콩을 바닥에 뿌리고는 깜에게 뒷정리를 떠맡겼다. 그때 요정이 나타나 비둘기에게

---

15 여신, 또는 부처라는 이야기도 있다.

깜의 일을 돕도록 한다. 그렇게 일을 마무리한 깜은 왕궁으로 가서 신발을 신었고 그 크기가 딱 맞아 왕자와 결혼한다.

머지않아 계모는 아버지가 아프다는 구실로 깜을 불러들인다. 아버지가 빈랑나무 열매를 먹고 싶다고 하기에 깜이 나무 위로 올라가는데 떰이 그 나무를 베어 버린다. 그 바람에 깜은 나무에서 떨어져 개똥지빠귀가 되고, 떰은 깜의 옷을 입고 왕궁으로 가 가짜 신부가 된다.

어느 날 떰이 왕자의 옷을 빨아서 말리고 있는데 개똥지빠귀 한 마리가 날아와 왕자가 자신의 남편이라며 노래를 부른다. 그 노랫말을 들은 왕자는 이렇게 말한다.

"그게 사실이라면 내 소매 안으로 들어오너라."

개똥지빠귀는 기다렸다는 듯이 왕자의 소매 속에 들어간다. 왕자는 개똥지빠귀를 기르기로 결심한다. 그러나 이내 떰이 개똥지빠귀를 잡아먹는다. 그 날개를 버린 자리에는 죽순이 자랐는데 떰이 죽순을 캐서 먹고 껍질을 버리자 감나무가 자라고 아름다운 열매가 열린다. 그러나 떰은 열매를 딸 수 없었다.

며칠 뒤, 거리에서 가난한 할멈이 지나가다가 감나무 밑에서 쉬고 있었다. 갑자기 감이 먹고 싶어진 할멈이 감나무에게 "이 자루 속에 열매를 떨어뜨려 놓게."라고 하자 열매가 자루 안으로 들어간다. 할멈은 열매를 항아리에 담고 집으로 돌아가, 항아리만 두고 다시 외출한다. 그런데 할멈이 돌아오니 자리를 비운 동안 집이 정리되어 있었다. 이상하다는 생각이

들어 숨어서 상황을 살피니, 감 안에서 여인이 나타나 집안일을 하는 것이었다. 할멈은 그 여인을 딸로 삼고 함께 살기로 마음먹는다.

시간이 또 흘러 할멈 남편의 1주기 제사를 지내는 날이 되었다. 깜은 그곳으로 왕자를 초대한다. 왕자가 찾아와 음식을 맛보니 너무 맛있어서 누가 만들었는지 묻는다. 할멈은 처음에는 자신이 만들었다고 거짓말하지만 왕자는 믿지 않았고 결국 깜이 만들었다며 사실을 털어놓는다. 그러자 그 자리에 깜이 나타나 지난 일을 왕자에게 들려주고 왕자와 함께 왕궁으로 돌아간다.

왕궁에서는 떰이 반가운 척을 하며 깜을 맞이한다. 떰은 이렇게 말한다.

"나도 언니처럼 예뻐지고 싶어."

그러자 깜이 대답한다.

"예뻐지고 싶으면 물을 끓이고 그 안으로 뛰어들면 돼."

떰은 끓는 물속으로 뛰어들었고, 당연하게도 죽고 만다. 깜은 그것을 계모에게 전달한다. 계모가 음식인 줄 알고 신나게 먹기 시작하는데 새 한 마리가 나뭇가지에 앉아, "너는 네 아이를 먹었다."라며 지저귄다. 안을 들여다보니 고기 속에 떰의 머리가 들어 있었다.

－야마무로 시즈카, 『세계의 신데렐라 이야기』 중에서

「떰과 깜」에는 두 가지 이야기가 섞여 있다. 물고기 뼈가 주인공을 돕는 장면에서는 「예시엔」을, 새가 신발을 옮겨 주어 왕자와 만나고 결혼하는 장면에서는 「로도피스의 신발」을 떠올리게 한다. 그런데 이야기는 여기서 끝나지 않는다. 후반부에는 신부가 교체되고, 나무가 변신하며, 끔찍한 복수가 이어진다.

　이 이야기의 기원은 매우 오래되었다. 야마무로 시즈카는 중국의 민화 연구자 딩나이퉁의 주장을 소개하며, 베트남 신데렐라 서사의 기원은 기원전 4세기로 거슬러 올라가야 한다고 주장했다. 그 근거는 명확하지 않지만 또 다른 민속학자 기미시마 히사코도 이 이야기가 동남아시아에서 북방으로 전파되어 중국의 「예시엔」이 되었다고 보았다. 「예시엔」을 소개할 때 잠시 언급했던, 이야기의 기원이 남방에서 시작되었고 진나라와 한나라 시대까지 거슬러 올라간다는 설명과 비교해 보았을 때 그럴듯한 주장처럼 느껴진다.

　신데렐라 서사가 유럽보다 한참 전에 동남아시아에서 먼저 전파가 이루어졌다면 '아시아 발상설'도 완전히 배제할 수는 없다. 동남아시아의 물고기와 식물에 대한 애니미즘적 토템 신앙, 결혼식에서 신발을 선물하는 관습이나 뒤에서 설명할 중국의 전족 풍습, 뼈 신앙 등에서 그 근거를 찾을 수 있다.

# 우기의 기원

Myanmar
카렌족 / 연도 미상

## 비슈누 신과 물고기 모티프

카렌족은 미얀마를 중심으로 태국 북서부에 사는 부족이다. 그들은 모든 사물에 정령이 깃들어 있으며 그들로부터 영적인 힘이 나온다고 믿고 있다. 카렌족 사이에서 전해 내려오는 「우기의 기원」은 창세 신화 중에 하나로, 그 기원은 꽤 오래된 것으로 보인다.

어느 마을에 마음씨 고운 소녀가 있었는데 이웃들 사이에 착하기로 소문이 났다. 그러나 어머니가 갑작스레 사망하고 아버지는 재혼을 하게 되는데, 새로 들어온 계모는 자신의 딸도 함께 데리고 온다. 계모는 친딸만 귀여워하고 소녀에게는 힘든 일을 시키며 괴롭힌다.

소녀는 슬퍼하며 시냇가에서 수면을 들여다보다가 물고기를 발견한다. 가지고 있던 밥알을 주며 다정하게 말을 건네니 한 마리였던 물고기가 두 마리로 늘어난다. 소녀는 물고기들과 친해져 즐거운 시간을 보낸다. 계모는 아무리 괴롭혀도 소녀의 기분이 금방 풀리는 것을 이상하게 여겨 따라갔다가, 그녀가 물고기와 대화하는 것을 보고 시샘을 낸다. 계모는 소녀가 없을 때 물고기를 불러보지만 목소리를 알아듣는 물고기는 소녀의 목소리와 다른 것을 알아채고 모습을 드러내지 않는다.

화가 난 계모는 소녀가 물고기와 대화하는 것을 숨어서 지켜보다가 물고기가 나타나자 돌을 던져 두 마리 모두 죽인다. 소녀가 물고기를 애도하기 위해 쐐기풀에 불을 붙이려고 하자, 갑자기 그 사체에서 기름이 쏟아져 나와 불이 꺼진다. 기름은 산더미처럼 쌓였고 소녀가 그 위에 오르자 점점 높아져 하늘까지 닿는다.

하늘로 올라간 소녀는 달의 여신과 비의 여신을 만나 그들의 조카인 번개와 결혼한다. 그리고 번개와 비의 신은 소녀를 괴롭힌 계모를 벌하기 위해 지상에 큰 홍수를 일으킨다. 이것이 우기의 기원이라고 한다.

　　　　　－야마무로 시즈카, 『세계의 신데렐라 이야기』 중에서


카렌족의 신데렐라 서사에는 신발 모티프가 존재하지 않지만

비슈누 신은 반은 사람, 반은 물고기이며 물고기 숭배의 근원이라고 여겨진다. 신데렐라 서사에서 물고기는 신을 대신해 주인공에게 행운을 전해 준다.

작자 미상, 힌두교 경전을 브라흐마에게 돌려주는 비슈누, 17세기

조력자가 물고기라는 점에서 중국의 「예시엔」, 베트남의 「떰과
깜」과 유사하다. 태국의 「황금 망둥어」라는 이야기에서도 망둥
어로 변한 어머니가 주인공을 곤경에서 구해 내는 역할을 한다.
물고기 모티프는 인도와 베트남, 술라웨시 섬[16], 혹은 아시아 지
역의 민화에서 볼 수 있다. 이런 현상은 '어업'이라는 생활 문화
와 깊은 관련이 있을 것이다.

　포르투갈의 신데렐라 서사 「부뚜막 고양이」에서는 왕자가
물고기로 변해 조력자로 등장하기도 한다. 그러나 유럽에서는
예외적인 일이다. 과거 포르투갈은 아시아와 무역을 하고 식민
지를 지배하는 과정에서 아시아의 신데렐라 서사가 유입되었을
가능성이 크다. 이처럼 민화는 그 지역의 풍토나 역사와 깊은
연관이 있다. 예를 들어, 물고기 신앙의 기원은 인도 신화에 등
장하는 힌두교의 비슈누 신이라고 여겨진다. 그러고 보면 물고
기가 발휘하는 신통력은 신의 힘과 닮기도 했다.

　미얀마의 「우기의 기원」은 신화적 요소를 분명하게 담고 있
으며 유럽의 신데렐라 서사보다 그 기원이 오래되었다. 또한 지
상이 아닌 천계에 있는 번개의 종족과 결혼한다는 비유를 통해
볼 때 타부족과 혼인을 맺는 이른바 '외혼제'의 특징이 반영된
것으로 보인다. 이렇게 소녀는 물고기에게 내려진 비슈누 신의
가호로 천계에서 계모에게 복수를 할 수 있었다.

---

16　인도네시아 중앙에 있는 섬.

# 콩쥐 팥쥐

Korea

작자 미상 / 연도 미상

## 조선 문화와 『그림동화』의 만남

티베트의 「노예의 딸」처럼 한국에도 소를 조력자로 하는 신데 렐라 서사가 전해진다. 일본에서 출판된 최인학 편저의 『조선 옛이야기 백선』에 「콩쥐 팥쥐」가 실려 있는데, 잘 알려져 있듯 이 한국에서 손에 꼽히는 유명한 이야기다.

옛날 옛적, 금슬 좋은 부부가 있었는데 그들에게는 자식이 생 기지 않아 늘 속상해했다. 어느 날 스님이 부부의 집에 시주 를 받으러 온다. 마음씨 고운 부인이 스님에게 쌀을 한가득 내밀자 스님은 혹시 소원이 있느냐고 묻는다. 부인은 아이를

갖고 싶다고 말했고 스님은 100일 동안 부처님께 기도하면
아이를 내려 주실 것이라고 예언한다.

과연 그 말대로 아이가 태어났고 부부는 아이에게 '콩쥐'라는
이름을 붙여 준다. 하지만 콩쥐가 어릴 때 어머니가 죽고 아
버지는 몇 년 후에 후처를 얻는다. 계모는 콩쥐보다 한 살 어
린 여자아이를 데려 왔고 '팥쥐'라고 불렸다. 콩쥐는 동생 팥
쥐를 매우 귀여워했지만 팥쥐는 심술궂었다. 이윽고 아버지
마저 사망하자 계모는 점점 콩쥐를 괴롭힌다.

하루는 콩쥐가 내용물이 변변치 않은 도시락을 나뭇가지에
걸어 놓고 돌 섞인 거친 땅을 갈고 있었다. 그런데 갑자기 까
마귀가 날아오더니 도시락을 먹어 치운다. 반면 팥쥐는 계모
가 싸 준 고기와 쌀을 챙겨 부드러운 모래땅을 갈고 있었다.
콩쥐는 땅이 너무 거친 탓에 일을 제대로 할 수 없어 주린 배
를 안고 울고 있는데, 하늘에서 암소가 내려와 음식을 베풀고
농사일을 도와준다.

그 소식을 들은 팥쥐는 콩쥐처럼 맛있는 음식을 받을 생각으
로 황무지로 나간다. 그리고는 거짓으로 울며 도시락을 까마
귀에게 빼앗겼다고 호소하자 암소가 나타난다. 암소는 이렇
게 말한다.

"강에서 손발과 몸을 깨끗이 하고 내 엉덩이에 손을 넣어 원
하는 음식을 얻어라."

탐욕스러운 팥쥐는 먹음직한 음식을 많이 가져가고 싶었다.
그런데 욕심을 내서 음식을 너무 가득 쥐는 바람에 손이 빠지

지 않아 암소가 하늘로 올라가려 할 때 함께 끌려가야 했다. 결국 팥쥐는 음식을 놓을 수밖에 없었고 그대로 땅 위로 떨어져 피투성이가 된 채 집으로 돌아간다.

며칠 뒤 친척집에서 잔치가 벌어져 계모와 팥쥐가 나들이를 나간다. 콩쥐는 자신도 데려가 달라고 부탁하지만 되려 삼베 짜기, 청소, 물 긷기, 부뚜막에 쌓인 잿더미 정리 등의 집안일을 떠안고 어찌할 바를 몰라 슬프게 운다. 그러자 참새가 나타나 일을 모두 정리해 주고 암소가 옷과 꽃신을 건네준다.

그렇게 차려입고 잔치에 가니 모두가 아름다운 콩쥐를 칭찬한다. 계모와 팥쥐는 질투에 사로잡힌 나머지 콩쥐를 잔치에서 쫓아내려고 한다. 콩쥐가 잡히지 않으려고 허겁지겁 도망가는데 도중에 꽃신 한 짝이 벗겨진다. 그 꽃신을 감사監司가 발견하고, 때마침 잔치에 사람이 많이 몰려 있기에 신발의 주인이 누구냐고 묻는다. 그러자 팥쥐가 자신의 것이라고 나서는데 신발이 발에 맞지 않는다. 계모는 포기하지 않고 팥쥐의 발을 칼로 베어서 신겼지만 거짓이 들통나 벌을 받는다. 마침내 감사의 하인이 마을로 찾아와 콩쥐를 발견하고 신발을 신겨 본다. 신발은 발에 딱 맞았고 감사는 콩쥐를 아내로 삼는다.

—최인학, 『조선 옛이야기 백선』 중에서

콩쥐가 무리한 요구를 강요당하고 울고 있자 참새가 도와주는 장면이나, 신발이 팥쥐에게 너무 작아 계모가 팥쥐의 발을 자르는 장면은 「재투성이」와 매우 흡사하다. 이런 장면은 수많은 신데렐라 서사 가운데 오직 「재투성이」에서만 볼 수 있다. 그렇다면 혹시 「콩쥐 팥쥐」는 『그림동화』의 영향을 받은 것이 아닐까?

물론 「콩쥐 팥쥐」에서만 존재하는 조선 특유의 문화도 녹아 있다. 그중에서 이야기에 등장하는 '감사'라는 직책은 지역 관리 중에 가장 높은 자리였고, 그의 아내가 되는 것은 누구나 동경하는 일이었다. 「콩쥐 팥쥐」 역시 전형적인 신데렐라 서사의 구조를 갖추고 있는 것이다.


## 동아시아 신데렐라들의 공통점

한국의 신데렐라 서사는 「콩쥐 팥쥐」라는 제목에서 농경 문화를 떠올리게 한다. 베트남의 「떰과 깜」(으깨진 쌀알과 겨), 일본의 「누카후쿠와 고메후쿠」(겨와 쌀)와도 비슷한 결을 가진다. 그에 걸맞게 암소[17]가 조력자로 등장하는가 하면 유럽과 티베트, 중국의 이야기처럼 신발이 배우자를 간택하는 데에 결정적인 역할을 한다.

한편, 「콩쥐 팥쥐」에는 불교의 흔적이 남아 있다. 아이를 낳을 것이라 예언한 스님은 동냥을 하는 승려, 즉 탁발승이다. 한반도에는 4세기에 불교가 전파되었다. 이후 고려 말부터 유교가 득세하면서 불교가 탄압받았으나 근대에 다시 부활했다. 「콩쥐 팥쥐」에서 등장하는 스님은 상당히 오래된 초기 불교 시

---

17  이 책의 저자는 콩쥐의 어머니 역시 암소로 환생한 것이라고 설명하고 있다.

신윤복의 「노상탁발」에는 조선시대 탁발승들이 몸을 굽혀 동냥을 하는 모습이 담겨 있다. 탁발승은 불교가 탄압을 받던 조선시대에 눈엣가시 같은 존재였지만 전래 동화에서는 큰 역할을 하며 그 흔적이 고스란히 남아 전해질 수 있었다.

대를 상징하는 인물일 것이다.

유라시아 대륙에 퍼진 신데렐라 서사에는 공통점이 있다. 첫째, 재혼의 형태다. 물론 예외도 있지만 보통 재혼을 할 때 계모가 자신의 아이를 데려오고, 자연스럽게 의붓자매라는 설정이 등장한다. 한반도는 대륙과 이어져 있기 때문에 그 영향을 받았다. 둘째, 신발 문화를 꼽을 수 있다. 한반도에서는 예로부터 신분에 따라 신는 신발의 종류가 달랐다. 그 재료는 가죽부터 시작해서 나무, 짚, 삼베 등 다양했다. 특히 여성에게 꽃신은 손으로 직접 만든 명품의 상징이었다. 「콩쥐 팥쥐」에서 감사가 남은 꽃신 한 짝에 관심을 보이고 주인을 찾으려 한 것도 그 때문이었다.

# 누카후쿠와 고메후쿠

糠福と米福

Japan

작자 미상 / 연도 미상

## 사라진 신부 시험과 의붓자매

「일본 옛이야기 백선」에는 「누카후쿠와 고메후쿠」라는 전래 동화가 수록되어 있다. 이 이야기는 한국의 「콩쥐 팥쥐」와 비슷한 내용이지만 섬나라라는 일본의 특성상 한국이나 중국, 기타 대륙의 이야기와는 다른 점이 있다. 먼저 내용을 요약하자면 이렇다.

누카후쿠와 고메후쿠는 이복자매다. 누카후쿠가 먼저 태어났고 이후 후처가 들어와 낳은 아이를 고메후쿠라고 불렀다. 계모는 유독 누카후쿠에게 모질게 대하며 힘든 일을 시킨다. 어느 날 두 자매는 산으로 밤을 주우러 가는데 계모는 누카후쿠에게 구멍이 난 자루를, 고메후쿠에게는 튼튼한 자루를 주고 고메후쿠에게 언니의 뒤를 밟으라고 이른다.

누카후쿠는 열심히 밤을 주워도 자루가 꽉 차지 않았지만 고메후쿠는 언니의 자루에서 떨어진 밤을 주워 담았기 때문에 자루가 금세 가득 찬다. 고메후쿠가 그만 집으로 돌아가자고 외쳤으나 누카후쿠는 계모에게 혼날 것이 두려워 동생을 먼저 집에 보낸다. 그렇게 밤을 계속 줍고 있는 사이에 주변은 완전히 어두워져 버리는데, 멀리서 불빛이 보이기에 가까이 다가가니 마녀의 집이었다.

누카후쿠는 마녀의 집에 머무르면서 마녀의 머리카락을 빗어 주며 벌레를 잡는다. 뱀이나 지네가 나오는데도 그녀는 겁없이 마녀의 부탁을 들어준다. 마녀는 매우 기뻐하며 답례로 마법이 깃든 작은 방망이를 건넨다. 그 방망이를 흔들면 무엇이든 나온다고 하기에 시험 삼아 "밤을 한 자루 내놓아라."라고 하니 곧 밤이 한가득 든 자루가 나타난다. 덕분에 누카후쿠는 계모의 구박을 피할 수 있었다.

어느 날 축제가 시작되어 극장이 세워진다. 고메후쿠는 어머니와 함께 옷을 차려입고 연극을 보러 간다. 누카후쿠도 연극을 보러 가고 싶었지만 계모는 누카후쿠에게 집안일을 떠맡긴다. 그렇게 집에서 일을 하고 있는데 갑자기 신령이 나타나 이렇게 묻는다.

"연극을 보러 가고 싶으냐?"

누카후쿠가 그렇다고 대답하자 신령이 다시 말한다.

"내가 일을 대신 해 줄 테니 다녀와라."

누카후쿠는 기쁜 마음으로 방망이를 흔들어 옷을 차려입고 극장에 도착한다. 그러자 모두가 그 아름다움에 넋을 잃는다. 고메후쿠가 누카후쿠를 알아보고 어머니에게 말하지만 계모는 크게 개의치 않는다.

누카후쿠는 연극이 끝나기도 전에 집으로 돌아가, 본래의 허름한 옷으로 갈아입고 일을 한다. 곧이어 극장에 있던 부잣집 아들이 누카후쿠의 아름다움에 반해 결혼하자고 청한다. 계모는 흔쾌히 고메후쿠의 등을 밀었지만 부잣집 아들은 누카후쿠를 데려가려 한다.

"이렇게 더러운 아이는 당신의 아내가 될 수 없어."

계모가 말한다. 그러자 누카후쿠는 마법 방망이로 깨끗한 옷을 꺼내어 아름다운 모습으로 변신한다. 그리고는 부잣집 아들과 함께 그의 집으로 떠난다.

—이나다 고지, 『일본 옛이야기 백선』 중에서

일본 서사의 큰 특징은 신발을 신어 보는 신부 시험이 없다는 것이다. 비가 많이 오는 기후 탓에 신발이 의미하는 바가 그리 중요하지 않았기 때문이다. 일본에서는 아름다운 신발 대신 풍토에 맞게 나막신과 짚신이 생활화되었다.

또한 일본의 신데렐라 서사에는 의붓자매가 아닌 이복자매가 등장한다. 실제로 유럽과 아시아 대륙에서는 계모가 재혼하기 전에 이미 낳은 아이를 데려왔던 것과 달리, 일본에서는 재혼 후 아이가 태어나는 경우가 많았다. 당시의 시대상이 신데렐라 서사와 만나 독특한 설정을 만들어 낸 것이다.

## 일본까지 전파된 신데렐라 서사

「누카후쿠와 고메후쿠」라는 제목으로 보면 이 이야기는 쌀 농사나 잡곡 농사가 배경이 될 것 같지만[18] 주요 소재는 밤이다. 밤을 줍는 것은 수렵과 채집을 기본 생활로 삼았던 조몬 시대(기원전 13000년경~기원전 300년경) 일본인들에게 중요한 작업이었다.

아오모리현의 '조몬 산나이마루야마 유적지'에서 밤과 관련된 생활 문화가 많이 발견되어 화제가 되었다. 고고학자들의 연구에 따르면, 조몬 유적에서 밤 무더기가 출토되는 곳은 주로 동일본이다. 그런데 동일본에서는 밤 무더기의 유적만 나온 것이 아니었다. 민속학자이자 민화연구자인 세키 게이고가 「누카후쿠와 고메후쿠」와 관련된 이야기를 조사한 결과, 각지에서 54편의 유사한 이야기를 발견했다. 놀랍게도 이 이야기들은 모두 동일본 동북 지방에 집중되어 있었다. 위치가 밤 무더기의

---

18 「누카후쿠와 고메후쿠」에는 '겨와 쌀'이라는 뜻이 담겨 있다.

밤을 줍는 소녀를 그린 구로다 세이키의 「밤 줍기」. 과거 일본인들은 밤 줍는 일을
생업으로 삼던 힘든 시절을 「누카후쿠와 고메후쿠」로 달랬을 것이다. 곤경을 딛고 일어서는
신데렐라 서사는 단순한 허구가 아니라 그 시대를 살던 모두의 이야기였다.

구로다 세이키, 「밤 줍기」, 1917, 구로다 메모리얼 홀

유적이 분포되어 있는 곳과 거의 일치한다.

물론 「누카후쿠와 고메후쿠」가 조몬 시대부터 존재했다는 것은 아니다. 이 이야기는 구전이므로 본래 이야기가 언제 발생했는지, 어떻게 전파되어 왔는지 확실하게 단정짓기 어렵다. 다만 일본의 농촌 및 산촌 사람들은 예로부터 밤 줍는 일을 생업으로 삼으며 곤경을 견디는 힘겨운 생활을 해야만 했다. 이러한 배경 속에서 사람들은 「누카후쿠와 고메후쿠」의 주인공을 동정하며 이야기를 전해 왔을 것이다.

# 신데렐라 서사는 어떻게 유라시아 끝까지 건너왔을까?

## 전파의 시초는 유럽이 아니다?

신데렐라 서사는 어떻게 동아시아 바다 건너 일본까지 유입될 수 있었을까? 지금까지 사람들은 메이지 시대(1867년~1912년) 이후에 유럽으로부터 동화가 전해지며 그 일환으로 함께 전파되었을 것이라고 생각했다. 당시에는 유럽의 영향이 압도적으로 컸기 때문이다. 그러나, 앞서 살펴봤듯이 신데렐라 서사는 일본에서도 까마득히 긴 역사를 가지고 있다. 이미 조몬 시대나 야요이 시대(기원전 10세기경~기원후 9세기경)에 한반도 또는 류큐 제도를 경유하여 일본으로 건너간 사람들이 있었으며, 이후 대륙과 동남아시아와의 활발한 교류 덕분에 타지역의 신화와 민화도 함께 유입되었을 것이다. 고대에 일본으로 건너간 사람들이 퍼뜨린 문화와 수나라, 당나라 등 해외 유학을 통해 문서로 유입된 이야기도 있었다.

　일본에 전해지는 이야기 중에서 칠석전설, 「다케토리 모노가타리」, 「우의전설」 등에도 대륙의 신데렐라 서사와 비슷한 점이 있다.˝ 또한 베트남의 「떰과 깜」에서 드러나는 모티프는 개의 영혼이 나무로 환생해 기적을 일으키는 「꽃 피우는 할아버지」와 은혜 갚은 거북이의 이야기인 「우라시마 타로」 등의 민화에서도 엿볼 수 있다.

구전으로 일본에 널리 퍼져 있는 신데렐라 서사는 「누카후쿠와 고메후쿠」인데, 한국의 「콩쥐 팥쥐」와 줄거리가 유사하다. 중국 헤이룽장성 연변에 있는 조선족도 한반도 문화권에 속하기 때문에 이 지방에도 「콩쥐 팥쥐」가 전해지고 있다. 이렇게 거슬러 올라가면 「누카후쿠와 고메후쿠」는 중국 대륙, 동남아시아, 티베트의 신데렐라 서사와도 맞닿아 있다. 따라서 신데렐라 서사는 아시아 루트를 거쳐 일본에 전파되었을 것이라고 여겨진다.

「누카후쿠와 고메후쿠」와 영향을 주고받은 관계는 확실하지 않지만, 비슷한 이야기로 일본 중세에 『오치쿠보 모노가타리』˝와 「우바카와」˝ 등의 문학 작품이 기록으로 남아 있다. 세키 게이고에 따르면 이들이 탄생한 시기는 10세기 말 혹은 그 이전까지 거슬러 올라갈 수 있다고 한다. 즉 이런 이야기는 9세기 중국에서 탄생한 「예시엔」의 영향을 받았으며 신데렐라 서사의 기

---

* 「가구야 공주 이야기」라고도 한다. 대나무에서 태어난 소녀의 일화를 그린 이야기이며, 마지막에 가구야 공주가 '날개 옷'을 입고 달나라로 돌아가는 장면에서 「선녀와 나무꾼」이 떠오르기도 한다.

** 칠석전승은 「견우와 직녀」, 「우의전설」은 「선녀와 나무꾼」의 줄거리와 비슷하다. 이 이야기들은 한국과 중국, 일본에서 예로부터 공통적으로 전해지고 있다.

** 계모가 의붓자식을 학대하는 전형적인 신데렐라 서사를 갖추고 있다.

** '노인의 피부'라는 뜻으로, 주인공이 노인의 피부를 뒤집어쓰고 변장하는 내용을 담았다.

원이 되는 이야기는 늦어도 헤이안 시대(794년~1185년)에 일본
으로 전파되었다고 볼 수 있다.

일본에는 「오긴과 고긴」, 「재투성이」, 「손 없는 색시」 등의
민화에 어린아이가 학대를 당하는 신데렐라 서사가 남아 있다.
이 중에서 『오치쿠보 모노가타리』는 에도 시대(1603년~1867년)
에 작가 교쿠테이 바킨이 개편하여 「베니자라 가케자라」라는
연극을 만들기도 했다. 다만 결혼의 결정적인 수단을 신발이 아
니라 일본의 전통 시和歌로 대체했다.

한편, 개항 이후 독일의 『그림동화』가 일본 민화에 스며드는
현상이 일어났다. 스가 료호가 1887년에 신데렐라 서사를 『서
양고사신선총화』에 수록해 출판하였고 쓰보우치 쇼요는 이것
을 「오싱 모노가타리」라는 이야기로 1900년에 교과서에 실어
널리 소개했다. 교과서에서는 '신발'이 '부채'로 바뀌기도 했지
만 신데렐라 서사가 정착되는 데에 큰 영향을 주었다.

이렇듯 일본이 수용한 신데렐라 서사는 메이지 시대 이전을
기반으로 하는 민화에 서양의 것이 합쳐진 이중 구조를 가지고
있다.

# 다양한 모습의
# 조력자들

## 변신의 귀재

신데렐라 서사 속 조력자는 세계 각지에서 다채로운 모습으로
등장했다. 고대 이집트에서는 신의 뜻을 받은 독수리, 아라비아
에서는 작은 항아리와 멧비둘기, 이탈리아에서는 비둘기와 대
추나무, 프랑스에서는 대모이자 요정, 독일에서는 개암나무와
새, 미국에서는 요정, 아시아에서는 암소와 물고기였다. 이렇듯
이야기마다 다르게 등장하는 조력자들은 어떻게 탄생하게 되었
을까?

## 토템 신앙과 크리스트교

고대에는 동식물과 인간의 영적 교감이 자연스럽게 이루어졌
다. 선조들은 신이 베풀어 주는 동물이나 식물을 집안의 시조령
始祖靈으로 숭배하며 모든 것을 감사히 여겼다. 동물과 식물을 잡
거나 채집해 먹는 것은 엄격하게 금지되어 있었고 이들을 수호

신으로 여기는 토테미즘 신앙이나 토템폴* 풍습이 자리잡고 있었다. 토템의 사례는 선사시대의 애니미즘 안에서 찾을 수 있다. 토테미즘은 원래 수렵 민족의 풍습이었고 유라시아 대륙, 아프리카, 남북 아메리카, 오스트레일리아 등 세계 각지에 존재했다. 현재에도 아메리카 원주민, 이누이트, 오스트레일리아 원주민 등에서 많은 사례가 알려져 있다.

많은 신데렐라 서사에서도 조력자가 동물이나 식물로 등장한다. 고대 유럽에서는 크리스트교가 지배 체계가 되기 이전의 신화 및 전설에 토템이 여러 번 나타났는데, 이때 성수聖獸나 성령과 교류했던 이야기가 후대로 전해졌다. 그러나 중세 이후 크리스트교의 영향으로 토테미즘 숭배가 강하게 부정되면서 의미가 변질되었다. 결국 과거에 신격화되었던 뱀은 악마가 되었고 늑대와 곰은 몰아내야 할 대상이 되고 말았다.

크리스트교가 육식을 용인한 것도 토테미즘을 쇠퇴시킨 요인이었다. 크리스트교에서 동물은 인간을 위해 먹히거나 노동에 쓰이는 존재일 뿐이었다. 이로 인해 동물의 영혼을 바탕으로 한 고대 신앙은 사라졌다. 곧 동물에 대한 경외심이 소멸되고 인간 중심적인 세계관이 구축되었다.

크리스트교의 관점이 확산되면서 토템 신앙의 가치가 변화하는 과정은 신데렐라 서사와도 밀접한 관련이 있다. 일부 신데렐라 서사에는 크리스트교 이전의 토템 신앙이 현재까지 일부 계승되어 왔다. 예를 들어 이탈리아에서는 대추나무, 독일에서는 개암나무와 새 등이 조력자로 등장한다. 그런데 이들은 크리

---

* 토템을 기둥 형식으로 조각해 세우는 것. 보통 집이나 무덤 앞에 세운다.

스트교가 퍼진 이후로 토템이 아니라 신비한 힘을 이용해 주인공을 돕는 존재로 그려진다. 즉 크리스트교는 토템 신앙을 '마법'이라는 요소로 위장해 애니미즘을 의식하지 못하게 한 것이다.

그러나 아시아에서는 크리스트교의 영향이 미미했기 때문에 오래된 토템 신앙이 신데렐라 서사에 그대로 남을 수 있었다. 대표적으로 조력자로서 주인공을 곤경에서 구제해 주는 새와 소가 있다. 또한 아시아의 신데렐라 서사에서는 소와 물고기를 먹지 말아야 할 성스러운 존재로 여겼다. 이 금기를 어기면 사형을 당하는 등 엄벌이 내려졌다. 이처럼 토템 신앙의 관점에서 보면 신데렐라 서사가 유럽과 아시아로 전파되는 과정에서 어떠한 변화가 있었는지 그 차이가 명확해진다.

©Scott Foresman

토템폴에는 여러 기이한 동물들이 기둥처럼 올라가 있다. 맨 꼭대기에 토템상이 있다.

## 만능 조력자, 그레이트 마더

신데렐라 서사에 등장하는 조력자의 원래 모습은 융 심리학에서 '그레이트 마더'라고 하는, 모든 것의 어머니인 태모신太母神

---

* '위대한 어머니'라고도 한다.

이다. 그레이트 마더는 매번 새나 소, 나무, 요정, 마녀 등으로 위장해 곤경에 처한 주인공을 돕는다. 이처럼 초능력으로 이계와 이어져 기적을 일으키는 존재가 있다는 것이 신데렐라 서사의 매력이다.

그레이트 마더는 태초에 생명을 만들어 내는 모성으로 그려지며 절대적인 힘을 가진 숭배의 상징이었다. 그중에서 수메르의 여신 릴리트는 일종의 그레이트 마더로 여겨진다. 릴리트는 등에 날개를 달고 새의 발톱을 가졌다. 기원전 2300년경에 조각상으로 만들어지기도 했는데 손에 여신의 권위를 상징하는 원형 막대를 들고, 머리에는 월관을 썼으며 양 옆에 밤을 지배하는 올빼미를 거느리고 있다. 사자를 밟고 있는 모습에서 강력한 권력을 자랑한 여신이었다는 것을 알 수 있다.

그런데 이후 유럽이 크리스트교로 물들면서 여신 숭배를 금지하는 한편 여신을 마녀라고 부르기도 했다. 그레이트 마더였던 릴리트도 밤의 세계에서 악마와 잠자리를 가지는 마녀로 변화했다. 비록 여신 숭배의 그림자는 희미해졌지만 그레이트 마더의 잔상은 신데렐라 서사에서 조력자의 모습으로 종종 남아 있다.

그레이트 마더는 신데렐라 서사에서 주인공을 돕는 동시에 나쁜 이에게는 대가를 치르게 한다. 아시아에서는 마녀의 모습으로 등장해, 페르시아의 「이마에 뜬 달」이나 일본의 「누카후쿠와 고메후쿠」에서처럼 벌을 내린다. 그런데 근대 유럽에 이르러서 그레이트 마더는 요정 대모로 등장했고 나쁜 사람에게 벌을 주는 과정은 사라졌다. 「샹드리용」에 나오는 요정이 대표적이다. 죽은 친어머니의 환생이라는 설정에는 변함이 없지만 그저 주인공의 소원을 들어주고 행복으로 이끌어 줄 뿐이다. 디즈니의 『신데렐라』에서도 마찬가지다.

한편 유라시아 대륙의 신데렐라 서사를 살펴보면, 그레이트 마더의 역할을 대신하는 존재로 암소가 가장 눈에 띈다. 지금까지 예시로 든 페르시아와 티베트, 한국 이외에도 프랑스, 스페인, 스웨덴, 러시아 등 대륙 곳곳에서 암소를 찾아볼 수 있다. 이들에게 소는 이승과 저승의 영역을 오갈 수 있는 신비한 능력을 지닌 동물이었다. 대부분은 어머니의 환생으로 등장하는데 암소가 아니라 수소인 경우도 있다.

신데렐라 서사에서 소는 신에게 바치는 일종의 제물 역할을 한다. 대부분 계모에게 죽임을 당하지만 그 덕분에 주인공이 신비한 힘을 얻고 구제되기 때문이다. 더욱이 소는 수호 정령이 깃들어 있다고 믿으며 숭배하는 존재였다. 아시아의 신데렐라 서사에서는 죽임을 당하기 전에 주인공에게 소의 고기를 먹지 말라고 경고하는 장면에서 힌두교의 교리를 엿볼 수 있다.

동남아시아에서는 그레이트 마더의 역할을 하는 동물로 물고기가 등장한다. 주인공은 물고기와 대화하고 먹이를 주며 사랑을 쏟는다. 물고기는 이계과 현실 세계의 접점에 있는 생물로, 일찍이 아시아에서는 '몬순'이라는 계절풍 풍토를 기반으로 신화와 민화에서 물과 관련된 동물이 그려지는 경우가 많았다.

또한 그레이트 마더는 수목 숭배와 깊은 연관이 있다. 고대 애니미즘에서는 대지를 여성에 비유하고 수목이 초능력을 지녔다고 여겼다. 게르만족의 세계관에 등장하는 개암나무와 노간주나무가 이에 해당한다. 새가 주인공을 돕거나 뜻을 대신 전

수메르의 여신 릴리트는 나쁜 사람에게 벌을 주는 존재였다. 그런데 중세 유럽, 크리스트교 아래에서 악마와 잠자리를 가지는 마녀로 그 의미가 변했다. 이후 여신 숭배의 흔적이 희미해지며 그레이트 마더 또한 요정으로 순화되었지만 그 잔상은 신데렐라 서사에서 여러 조력자의 모습으로 남아 있다.

달하는 경우도 많다. 아시아의 신데렐라 서사에서 수목 숭배는
항상 새 숭배와 짝을 이루고 있으며 나무의 종류는 달라도 모두
같은 역할을 하고 있다. 이처럼 신데렐라 서사의 조력자는 지역
이나 문화에 따라 달라지지만 그 역할은 변하지 않는다.

2부

# 신데렐라의
◯◯◯

# 왜
# 신데렐라
# 서사는
# 대부분
# 비슷할까

#고대 인류  #사고방식  #생활 패턴
#더 나은 삶을 위해

2부에서는 기존의 틀을 벗고 과감하게 변신한 신데렐라의 이야기를 대표적인 유형으로 나누어 소개하고자 한다. 언뜻 보면 비슷하지만 조금씩 다른 서사들의 매력을 느낄 수 있을 것이다.

1부에서 살펴보았지만 신데렐라 서사의 플롯은 어느 나라든, 언제 탄생했든 모두 비슷하다. 한 사람이 쓴 것도 아니며 특정 지역에서만 나타나는 것도 아닌 이들은 왜 이렇게 서로 닮아 있을까?

## 인류는 모두 비슷하게 사고해 왔다

심리학자들은 민화의 동일성 및 유사성이 인류의 보편적인 사고방식에서 나온 것이라는 해석을 제시하고 있다. 구조주의 인류학자 클로드 레비 스트로스는 인류의 동일한 사고방식과 함께, 세계 각지에 존재하는 신화의 구조가 공통되고 보편적이라는 점에 주목했다. 그는 과거 인류의 신화 속에서 근원적인 사고방식을 발견하고 고대인과 현대인이 공통적으로 공유하고 있는 의식 구조를 밝혀냈다. 그런 의미에서 신화는 역사상 가장 중요한 인류학적 자료가 된다. 종교학자 미르체아 엘리아데 또한 신화가 인류의 기원을 내포하고 있다며 중요하게 여겼다.

## 약속의 땅으로, 희망의 장소로

만일 고대 인류가 열대 아프리카의 숲속에서 그럭저럭 살아갈 수 있었다면 위험을 무릅쓰면서까지 세계 각지로 이동할 필요는 없었을 것이다. 그들이 아프리카를 벗어나 새로운 세상을 목표로 한 요인에는 여러 가지가 있는데, 가장 근본적인 원인은 기후와 자연환경이 급변하면서 식량이 부족해졌기 때문이라고 추측한다.

직접적으로는 동물의 무리를 따라 이동했다고 보고 있지만 식량을 확보하거나 집단 혹은 부족 간의 싸움으로 인해 이주가 불가피해진 이유도 있을 것이다. 집단이나 부족 바깥에서 결혼 상대를 얻으려 한 것이 이동의 시작이었다고 추정하기도 한다. 혹은, 새로운 세상을 목표로 하는 모험심이 그들을 자극했을지도 모른다.

# 1.
# 과감한
# 변신

# 은신처

신분을 감추고 몸을 숨기다

## 영국의 「골풀 모자」

신데렐라 서사는 대부분 친어머니의 죽음과 아버지의 재혼으로 주인공이 괴롭힘을 당하며 시작한다. 그동안 이런 전개를 신데렐라 서사의 원형으로 생각했었지만, 역사적 관점에서 보면 아버지가 재혼을 하면서 발생하는 계모의 학대는 신데렐라 서사의 보편적인 공통점이 아니다.

 가장 오래된 이야기로 알려진 「로도피스의 신발」에서 주인공이 불행해지는 원인은 해적의 습격이었다. 주인공이 학대를 당하는 내용은 없다. 뒤에서 소개할 신데렐라 서사의 원형 중 하나인 고대 이집트의 「두 형제 이야기」에서도 형제간 다툼이 불행의 발단이 되지만 의붓자식과의 갈등은 없다. 또 아르네와 톰슨이 집필한 『설화의 유형』에도 주인공이 학대당하는 내용이 빠져 있는 이야기들이 있으며 그 일부는 '골풀 모자' 유형으로 분류된다.

골풀 모자 유형은 주인공이 골풀 모자를 뒤집어쓰거나 가면과 촛대 등에 몸을 숨긴 채 세상으로 나아가는 이야기를 담고 있다. 먼저 고노 이치로가 편역한 『영국 민화집』에 수록된 「골풀 모자」 이야기다.

어느 나라의 갑부에게 딸이 셋 있었다. 그는 딸들에게 자신을 얼마나 사랑하느냐고 묻는다. 큰딸은 '목숨만큼' 사랑한다고 했고 둘째 딸은 '세상을 다 합친 것보다' 사랑한다고 대답해 아버지를 흐뭇하게 한다. 그러나 막내딸은 '생고기에 필요한 소금만큼' 사랑한다고 대답했고 아버지는 화가 나 막내딸을 내쫓아 버린다. 갈 곳이 없어진 막내딸은 정처 없이 걷다가 늪이 있는 땅에 골풀이 나 있는 것을 발견하고 그것을 엮어 온몸에 감싼다.

막내딸은 일거리를 찾다가 어느 저택에서 하녀로 일하게 되는데, 골풀을 쓰고 있는 모습에서 따와 '골풀 모자'라고 불린다. 하루는 그곳으로부터 조금 떨어진 저택에서 무도회가 열린다. 모두 옷을 차려입고 나가는 사이 막내딸은 집에 남아 있는 척하다가 골풀을 벗어 던지고 차림새를 갖춘 뒤 무도회에 참석한다.

그 무도회에는 막내딸이 일하고 있는 저택의 젊은 주인도 참석했는데, 그는 그녀의 정체를 모르고 첫눈에 반한다. 그러나

소녀의 몸에 감긴 골풀은 비록 초라하지만, 정체를 밝히고 고난을 극복한 아름다운 신부의
모습과 대비를 이루어 극적인 장면을 연출한다.

존 D. 바튼, 전래 동화 시리즈의 한 장면, 1894

무도회 도중 막내딸은 자리를 뜨더니 사라져 버린다. 그리고는 곧바로 집으로 돌아가 골풀을 뒤집어쓰고 자는 척을 한다. 다음 날 밤, 무도회에서 젊은 주인은 그녀에게 반지를 선물하지만 막내딸은 전날과 같이 홀연히 사라진다.

초조해진 젊은 주인은 사방팔방으로 그녀를 찾아다니다가 결국 상사병에 걸려 몸져눕는다. 막내딸은 그를 위해 수프를 끓인 뒤 그 안에 반지를 빠뜨린다. 젊은 주인은 수프를 먹다가 반지를 발견하고 수프를 끓인 사람을 수소문한다. 마침내 반지의 주인이 자신의 집에서 일하던 골풀 모자였다는 것을 안 그는 몹시 기뻐했고, 두 사람은 결혼한다.

결혼식에 막내딸의 아버지도 초대받아 참석하는데, 신부가 자신의 딸이라는 것을 모르고 있었다. 막내딸은 요리사에게 피로연에 내놓을 음식에 소금을 뿌리지 말아 달라고 부탁한다. 간을 하지 않으니 하객들은 음식이 싱거워서 먹을 수가 없었다. 막내딸의 아버지는 음식을 먹다가 갑자기 눈물을 흘린다. 새신랑이 그 이유를 묻자 그는 소중했던 딸을 쫓아냈던 지난날을 되돌아보며, 막내딸이 자신을 가장 사랑했다는 사실을 알게 되었다고 고백한다. 그러자 막내딸이 신부의 모습으로 나타나 아버지를 끌어안으며 재회를 기뻐한다. 그렇게 모두 행복하게 살았다.

－고노 이치로, 『영국 민화집』 중에서

이 이야기는 신데렐라 서사의 구조와 골격이 비슷하지만 계모가 주인공을 괴롭히는 장면이 빠져 있다. 그 대신 딸의 대답에 화가 난 아버지가 주인공을 추방하며 이야기가 시작된다. 조력자 역시 등장하지 않고 구두 대신에 반지가 주인공의 정체를 알려 준다. 그리고 등장인물들은 해피엔딩을 맞이한다. 골풀 모자는 뛰어난 미모를 가진 주인공이 신변을 보호하기 위해 고안해 낸 변신 아이템이다. 신데렐라 서사의 계보로 보면 '골풀'이라는 장치는 주인공이 허름한 옷을 입고 일하는 모습과 본래의 아름다운 모습을 대비시키고 있다.

아버지가 세 딸에게 자신을 얼마나 사랑하느냐고 묻는 도입 부분은, 셰익스피어의 4대 비극 중 하나인 『리어 왕』(1604년 ~1606년경)에서 왕이 세 딸에게 영토를 나눠주는 장면과 비슷하다. 많은 이가 추방당한 리어 왕의 막내딸 코델리아와 「골풀 모자」의 막내딸을 아울러 생각할 것이다. 이런 구조를 통해 17세기 초기 영국에 「골풀 모자」가 유입되었다는 것을 알 수 있다.

그러나 셰익스피어는 『리어 왕』을 일대 비극으로 만들었고 일반적으로 우리가 알고 있는 동화의 해피엔딩과 두드러진 대조를 이룬다.


## 페르시아의 「황금촛대」

과거 페르시아에 「황금촛대」라는 이야기가 있었다. 주인공이 모자나 가면을 쓰는 것은 아니지만 촛대에 들어가 몸을 숨기기 때문에 「골풀 모자」와 같은 계보라고 할 수 있다.

어느 상인 부부에게 빛처럼 아름다운 딸이 있었다. 어머니는 일찍 세상을 떠났고 아버지는 딸을 매우 아꼈다. 그는 모르는 이에게 딸을 시집보내는 것이 싫은 나머지, 차라리 못생겼지만 돈이 많은 자신의 친구와 결혼시키는 것이 낫겠다고 생각한다. 딸은 극구 거부했지만 아버지가 워낙 완강하게 설득하는 통에 결국 뜻을 굽히는 대신 조건을 건다.

"초를 한 번에 40개씩 세울 수 있는, 집채만 한 황금촛대를 만들 돈을 주세요. 그러면 아버지 말씀대로 친구분과 결혼할게요."

그녀는 그 돈을 받아 대장간에서 황금촛대를 만들어 집으로 가져온다. 그리고는 아버지가 없는 동안 우물가에 신발을 벗어 놓고 촛대 안으로 들어간다. 집에 돌아온 아버지는 딸을 찾았지만 그 모습은 보이지 않고 우물가에 신발만 덩그러니 남아 있었다. 그는 싫어하는 결혼을 억지로 밀어붙인 탓에 딸이 우물 안으로 몸을 던졌다고 생각하고 후회하며 눈물을 흘린다. 한참을 슬퍼하던 그는 촛대가 집에 있으면 계속 딸이 생각날 것 같아 대장간에 되팔아 버린다.

다시 판매대에 오른 황금촛대는 때마침 지나가던 왕자의 환심을 사기에 충분했다. 그는 촛대를 사서 자신의 방으로 옮기게 한다. 그런데 다음 날 이상한 일이 일어난다. 왕자는 평소에 음식의 절반을 남겨 두었다가 다음 날 아침에 먹는 습관이 있었는데 아침에 일어나 보니 남겨 두었던 음식이 모두 사라진 것이다. 왕자는 한밤중에 무슨 일이 일어나는지 숨어서 지켜보기로 한다. 한참 기다리던 그는 깜짝 놀란다. 아름다운 소녀가 촛대 안에서 나타나 자신이 남긴 음식을 먹고 있는 것이 아닌가.

소녀는 결국 왕자에게 들켰지만 두 사람은 금방 사이가 좋아져 매일 밤 사람들의 눈을 피해 즐거운 시간을 보낸다. 그러나 영원한 비밀은 없는 법. 우연히 궁궐의 노비가 두 사람이 함께 있는 모습을 보게 된다. 왕자는 이미 이웃나라의 공주와 약혼을 한 상태였고, 그의 곁에 다른 여자가 있다는 소문은 삽시간에 성 밖 이웃나라까지 퍼진다. 그러나 왕자는 소문을 모르고 사냥을 나간다. 소문을 들은 이웃나라 공주가 가만히 있을 리 없다. 그녀는 왕자가 없는 틈에 사람을 부려 촛대를 훔쳐 와서 불을 붙인다.

이윽고 안에 숨어 있던 아름다운 소녀가 모습을 드러냈으나 화상을 입어 정신을 잃고 쓰러지고 만다. 사람들은 그녀가 죽은 줄 알고 마을 밖으로 내다 버린다. 그러나 다행히도 지나가던 어느 노인의 간호를 받아 원래의 아름다운 모습을 되찾고 노인의 양녀가 된다.

한편 왕자가 성으로 돌아와 보니 촛대는 있었으나 아름다운 소녀는 없었다. 그는 너무 슬퍼한 나머지 몸져눕는다. 어떤 뛰어난 의사도 병을 고칠 수 없었다. 걱정하던 왕은 왕자가 좋아하는 사람을 만날 수 있도록, 신분에 상관없이 각자 음식을 만들어 오라고 공표한다.

그 소식을 들은 소녀는 보리 가루를 반죽한 수제비를 만들어 왕자가 준 반지를 넣은 뒤 노인에게 전달해 달라고 부탁한다. 노인은 그 음식을 성으로 가져갔고, 모두 보잘것없는 노인이

가져온 음식을 비웃었지만 왕자는 배가 고파서 그것을 받아
먹는다. 그러자 음식 안에서 반지가 나온다. 노인에게 사정을
물은 뒤 비로소 모든 전말을 알게 된 왕자는 곧바로 소녀를
불러들여 호화로운 결혼식을 올린다.

—야마무로 시즈카, 『세계의 신데렐라 이야기』 중에서

「황금촛대」는 계모의 학대가 아니라 어머니의 부재에서 비
롯된 부조리한 결혼으로부터 시련이 시작된다. 주인공은 아버
지가 권하는 결혼을 꺼려해 촛대를 만드는데, 신에게 바쳐 곤경
에서 탈출하기를 기도했던 것으로 보인다. 그녀는 우물에 몸을
던진 것처럼 위장해서 촛대 안으로 들어가고 그것을 계기로 인
생의 전환점을 맞이한다.

이 이야기에서도 신발이 언급되지만 그렇게 중요한 의미는
아니다. 오히려 반지가 그 역할을 대신한다. 이슬람교와 크리스
트교에서는 반지가 결혼의 상징으로서 매우 중요한 물건이기
때문이다.[1]

## 인도의 「한치 이야기」

앨런 던데스가 집필한 『신데렐라』에는 A. K. 라마누잔의 「한

---

[1] 페르시아 제국의 국교였던 조로아스터교는 세상이 무한대로 순환한다고 여겼다.
이 사상의 영향을 받은 이슬람교와 크리스트교에서 반지는 무한히 순환하는
영원한 사랑을 상징하게 되었다.

치: 칸나다어족의 신데렐라」가 수록되어 있다. 내용을 요약하
자면 이렇다.

어느 소년과 소녀가 나이든 어머니와 함께 살고 있었다. 남매
가 어느 정도 자랐을 때, 소년은 아름다운 금발을 가진 여동
생을 남몰래 좋아하게 된다. 그 사실을 눈치챈 어머니는 두
사람을 이대로 두면 불행한 일이 생길 것이라 생각하고 딸에
게 흙으로 만든 가면을 주며 집에서 나가도록 타이른다.

"너를 꾀려는 남자들이 다가오지 못하게 밖에서는 항상 가면
을 쓰고 있어야 해."

소녀는 이름을 한치로 바꾸고 이곳저곳을 떠돌다가 뛰어난
요리 솜씨로 부잣집에 들어가 일하게 된다. 어느 날 과수원에
서 연회가 열려 모두들 외출하고 한치만이 음식을 준비하기
위해 집에 남는다. 일을 마친 그녀는 피로해진 몸을 달래려
물을 데우고 모두가 돌아오기 전에 목욕을 하기로 한다.
가면을 벗은 뒤 묶고 있던 아름다운 머리카락을 풀어 헤치고
목욕을 하고 있는데 때마침 집주인의 아들이 돌아온다. 그는
한치를 불렀지만 대답이 없어 소리가 나는 욕실로 가 보니,
그곳에서 절세미인이 목욕을 하고 있었다. 그는 아무것도 보
지 못한 척 돌아서서 내심 그녀를 아내 삼으리라 다짐한다.
그러나 어머니는 아들이 초라한 가정부와 결혼하는 것을 바
라지 않았다. 그녀는 아들이 한치를 단념하도록 설득했지만

아들은 수긍하지 않고 한치를 불러들여 가면을 벗겨 낸다. 금발의 아름다운 여성이 나타나자 어머니는 그 미모에 깜짝 놀라며 결혼을 허락할 수밖에 없었다. 그렇게 한치와 부잣집 아들은 부부가 된다.

한편 그 부잣집에는 성직자도 살고 있었는데 집안 사람들을 상담해 주는 역할을 하고 있었다. 그 남자는 한치의 미모에 반해서 자신의 아내로 삼으려고 일을 꾸민다. 몇 번이고 요술을 부려 한치를 꾀려 했지만 한치는 그럴 때마다 재치 있게 빠져나간다. 그녀는 마지막 위기도 신의 힘을 받아 극복하고 남편과 함께 행복하게 산다.

―앨런 던데스, 『신데렐라』 중에서


「한치 이야기」는 앞선 이야기들과 다르게 근친상간이 나타나지만 주인공이 가면을 쓴다는 점에서 결국 「골풀 모자」와 비슷한 결이라는 것을 분명히 알 수 있다. 인도는 과거 영국의 식민지였기 때문에 스토리뿐만 아니라 '금발의 미녀'와 같은 설정에도 영향을 받았을 가능성이 있다. 혹시 모를 불경스러운 일을 피하기 위해 아름다운 미모를 감추는 모티프도 공통적으로 나타나는 부분이다. 가면을 벗고 진짜 모습을 드러내며 목욕을 하는 장면은 이 이야기의 하이라이트지만 동시에 에로틱한 의도도 보인다. 이런 구성은 다음에 소개할 일본의 「우바카와」와도 유사하다.

「우바카와」는 니가타, 아키타, 나가노 등 동북 지방을 중심으로 일본 각지의 민화에서 찾아볼 수 있다. 문서 기록으로는 무로마치 시대(1336년~1573년)에 쓰인 『오토기조시』[2]에 실려 있다.

오에이(1394년~1428년) 무렵, 오와리국尾張の国[3]의 어느 귀족에게 마음씨 좋은 딸이 한 명 있었다. 그는 아내를 일찍 잃고 후처를 얻는다. 그런데 계모는 남편이 없는 곳에서 그의 딸을 학대했고 소녀는 참다 못해 집에서 도망친다. 그리고는 친어머니가 언제나 하던 것처럼 관음보살에게 기도를 했는데 관음보살이 나타나 이렇게 이른다.

"그런 아름다운 모습으로는 재난을 만날 것이다. 몸을 숨길 수 있도록 노인의 피부를 줄 테니 오미국近江の国[4]의 귀족에게 피신하라."

소녀가 노인의 피부를 입자 할머니처럼 보였기에 그녀에게 관심을 가지는 이는 아무도 없었다.

오미국에 도착한 소녀는 관음보살이 알려 준 귀족의 집에 머문다. 낮에는 집안일을 돕다가 밤에는 몰래 노인의 피부를 벗고 쉬었는데 그 집의 장남이 우연히 그 모습을 목격하고 그녀

---

2  14세기~17세기에 나타난 단편을 모은 이야기, 또는 그런 형식을 일컫는다.

3  현재 아이치현 서부에 해당하는 일본의 옛 지역.

4  현재 시가현에 해당하는 일본의 옛 지역.

의 아름다움에 놀란다. 처음에는 괴물로 의심받기도 하지만 결국 소녀는 신분을 밝히고 그와 결혼해 행복하게 살았다.

—요코야마 시게루, 『무로마치 시대 이야기 대성 2』 중에서


『오토기조시』가 기록되던 무로마치 시대에는 신부가 신랑의 집에서 시집살이를 하는 풍습이 있었다. 「우바카와」에는 이런 시대적 배경을 바탕으로 의붓자식을 학대하는 장면이 등장한다. 주인공 소녀가 집을 나오게 된 원인 역시 계모의 학대로 그려진다. 노인의 피부를 뒤집어쓰는 장면은 영국의 「골풀 모자」를 모티프로 하여 변형된 것이다.

이 이야기에 등장하는 '오와리국'과 '오미국'이라는 지명에서 알 수 있듯이, 일본의 이야기에서는 고유명사가 구체적으로 언급된다는 것이 특징이다. 『오토기조시』에 실린 이야기 중에서 「우바카와」와 비슷한 이야기로 「바리때를 뒤집어쓴 아가씨」가 있는데, 여기에서도 지명이 뚜렷하게 등장한다.


가와치국河内の國[5]에 어느 장자 부부가 있었다. 이들에게는 아이가 생기지 않았는데 하세칸논[6]에 기도를 하자 머지않아 딸이 태어난다. 소녀가 어느 정도 자랐을 때, 어머니는 숨이 다하기 전에 관음보살의 계시를 받고 딸의 머리에 바리때를 씌우는데 이후로 벗길 수가 없었다.

---

5 현재 오사카부 동부에 해당하는 일본의 옛 지역.
6 이바라키현 고가시에 있는 사원. 안에는 관음보살상이 있다.

어머니가 사망한 뒤 집에 후처가 들어온다. 계모는 소녀에게 그리 상냥하지 않았다. 소녀는 계모의 구박을 견디지 못하고 집을 나선다. 도중에 물에 뛰어들어 죽으려고 하지만 바리때 덕분에 목숨을 건진다.

그녀는 산인山陰 지방에서 어느 근위대장의 집에 들어가 욕실을 청소하는 일을 한다. 마음씨가 곱고 몸가짐이 우아한 소녀를 그 집의 넷째 아들이 보고 아내로 삼으려 한다. 그러나 기이한 바리때를 쓰고 있는 모습에 부모와 형제들에게 인정받지 못하고 두 사람은 야반도주를 하기로 결정한다. 그때 쓰고 있던 바리때가 떨어져 나가면서 감추고 있던 미모가 드러난다. 그렇게 두 사람은 결혼하여 행복하게 살았다.

—네야가와시 홈페이지에서 발췌

소녀는 계속되는 계모의 학대에 스스로 목숨을 끊으려 하지만 바리때 덕분에 살아날 수 있었다. 관음보살은 모든 일을 예견하고 소녀에게 바리때를 씌우도록 했던 것이다.

작자 미상, 『산조시에마키』에 실려 있는 삽화, 에도 시대

「바리때를 뒤집어쓴 아가씨」는 관음신앙에서 유래했을 뿐만 아니라 산악신앙[7]과 애니미즘을 엿볼 수 있다. 『오토기조시』자체는 무로마치 시대에 쓰였지만 「바리때를 뒤집어쓴 아가씨」의 기원은 그보다 더 오래되었다. 이후로는 헤이안 시대의 『우쓰호 모노가타리』[8]와 가마쿠라 시대(1185년~1333년)의 『스미요시 모노가타리』[9]가 그 뒤를 잇는다.

지금까지 소개한 이야기들은 모두 주인공의 미모가 재앙의 원인이 될 것이라고 생각하고 변장이나 가면으로 본모습을 위장하는 흐름을 보이고 있다. 이런 장면은 듣는 이를 매혹시키는 효과가 있다. 이야기를 듣는 사람들은 주인공이 변신했다는 사실을 알고 있지만 그 안의 등장인물들은 그것을 알아차리지 못하는 모습이 재미를 더하기 때문이다. 그리고 마침내 모두가 기대하는 행복한 결말을 맞이한다. 이런 구성은 서사를 널리 전파하는 원동력이 되었다. 이때 각지의 세계관과 종교관을 더하면서 이야기가 조금씩 변형되었다.

---

7  '산인 지방'에서 '인(陰)'은 '산의 북쪽'을 뜻하는 중국의 한자에서 유래했다.

8  주인공이 당나라로 가려다가 파사국에 불시착하고, 그곳의 선녀에게서 고토(가야금과 비슷한 일본 악기)를 받아 일본으로 돌아가는데 이후 '우쓰보'라는 동굴에서 살던 그의 손자가 음악을 이어받아 가문이 번창했다는 이야기를 담았다.

9  주인공이 계모의 학대를 이기지 못하고 집을 떠나 스미요시에서 숨어 사는데, 그의 연인이 꿈 속에서 신의 계시를 받고 주인공을 찾는다는 사랑 이야기다.

# 자신의 모습을 감춰 온 여성들

### 결혼식의 깜짝 이벤트

골풀 모자 유형의 신데렐라 서사에서는 주인공이 무언가로 자신의 존재를 숨기고 있다. 모습을 가리는 것, 즉 변장은 사악한 것으로부터 자신을 보호하려는 의도로 환상동화에서 쓰이는 '기만술' 가운데 하나다. 이런 장치는 오늘날 결혼식에서 신부가 쓰는 베일과 관련이 있다.

유럽에서는 고대 그리스와 로마 시대부터 신부가 베일을 썼는데, 베일은 사람들의 시선을 피하고 사악한 것으로부터 신부를 보호하며 순결을 지키는 것을 의미했다. 신부를 보호하려는 관습은 진짜 신부를 다른 교회로 안내한 뒤 그 대신 소녀나 노파에게 베일을 씌워 가짜 신부로 신랑과 하객들을 속이는 이벤트가 되기도 했다. 또한 결혼식 전에 신부와 그 친구들이 분장을 하고 신랑에게 신부가 누군지 맞히게 하는 유희를 즐겼다.

순백색의 베일은 1840년 영국 빅토리아 여왕의 결혼식에서 처음 사용되었다고 하지만 사실 그것보다 이전인 1813년에 프랑스에서 먼저 등장했다. 이 역시 순결을 상징했던 것으로 보이며 1860년대에는 얼굴 전체를 덮는 베일이 널리 퍼진다.

이렇게 유럽에서는 교회에서 열리는 결혼식에 신부가 베일을 쓰는 것이 일반화되었다. 베일은 반투명해서 보일 듯 말 듯한 점이 매혹적이며 결혼식 하객들은 신부가 베일을 벗고 진짜 주인공으로서 모습을 드러내기를 기대한다. 그리고 목사와 사제들 앞에서 신랑이 신부의 베일을 올리고 키스를 하며 그 기대에 부응한다. 결혼식의 연출일 뿐이지만 이런 이벤트와 「골풀 모자」의 줄거리는 인간의 심리 측면에서 일맥상통하는 부분이 있다.

## 여성을 억압하거나 부적으로 쓰이거나

유럽 각지에서 베일은 주로 결혼식에 사용했다. 그런데 이런 베일을 일상적으로 쓰는 국가가 있다. 이슬람에서는 '여성은 가족 외에는 타인에게 자신의 모습을 보이거나 접촉하지 않도록 하라'는 무함마드의 방침으로, 여성들은 결혼식뿐 아니라 일상 생활에서도 전신을 가리는 부르카, 눈 주변만 보이는 니캅, 머리에 두르는 히잡 등을 착용한다.

동화에도 베일을 쓰는 관습이 녹아 있다. 『그림동화』에 수록된 「거위 치는 소녀」와 일본 민화 「우리코 공주」에서는 사악한 목적을 가진 사람이 신부를 바꿔서 나쁜 짓을 하려다 마지막에 실패하고, 신부는 결혼해서 행복하게 산다. 이때 신부는 베일을 쓰는 것으로 위험한 상황을 회피하려고 한다. 이런 전개는 진짜 신부를 가려내는 이벤트가 결혼의 본질이라는 것을 이야기하고 있다.

일본의 경우 헤이안 시대부터 신분이 높은 여성은 다른 사람에게 얼굴이 보이지 않도록 감추는 것이 매너였다. 만요 시대万葉の時代*에 주말부부처럼 따로 살며 남편이 아내의 처소에 들르던 형태의 결혼부터 가마쿠라 시대에는 아내가 남편의 집에 들어가서 사는 형태로 바뀌었으며, 무사 시대武士の世**에도 여성은 사람 앞에 나서지 않는 것이 전통이었다. 무로마치 시대에는 신부가 밤에 소복 차림으로 시집을 갔다. 좋은 일에 마가 끼는 일을 방지하기 위해서였을 것이다. 이것이 에도 시대에는 와타보우시***로 중류 무사와 도시의 상공업자들 사이에 퍼졌고 그 이후 간략하게 흰색 비단천으로 만든 쓰노카쿠시가 일반화되었다.

쓰노카쿠시角隠し는 '무슨 일이 있어도 화角를 내지 않는다隠す'는 의미이며 여성의 미덕으로 통했다. 또한 흰색 복장은 '어떤 색으로도 물들 수 있다'는 의미로도 해석되었다. 신부의 의상에는 남성 중심적인 생각이 녹아 있는 셈이다. 한편으로는 '마귀를 피해 구석角에 감춘다隠す'는 부적의 의미가 있었다고 한다.

이렇듯 베일을 쓰는 관습에는 사악한 것으로부터 신부를 지키기 위해서든, 사람들 앞에 모습을 드러내지 않기 위해서든, 좋은 일을 앞두고 악운을 막겠다는 깊은 의미가 있었다. 덧붙여 딸의 삶에서 아내의 삶으로 들어가는 통과 의례를 상징하기도 했다. 베일을 쓰며 결혼식이라는 인생의 커다란 고비를 넘는 것

---

* 일본의 만요집(万葉集)에는 629년부터 759년까지 만들어진 시(노래)가 수록되어 있는데 이 130년간의 시기를 만요 시대라고 부른다.

** 일본의 무사들이 나라를 통치하던 시기.

*‡ 흰 천으로 만든 크고 둥근 모자. 얼굴과 검은 머리를 감추며 마귀를 쫓는 용도였다.

잡지에 실린 베일을 쓴 여성. 베일은 관습에 따라 사람들 앞에서 얼굴을 보이지 않기 위해
쓰이기도 했지만 악운으로부터 신부를 지키는 의미로도 사용했다.

뉴웰 컨버스 와이어스, 「더 레이디스 홈 저널」, 1948

이다. 신데렐라 서사에 사용된 이러한 장치는 결혼하는 과정 속
에서 초라했던 여성이 아름다운 신부로 변신하는 인생의 전환
점을 보여 주고 있다.

# 근친상간과 동물 가죽

아버지를 피해 동물이 되다

### 터키의 「양모 소녀」

골풀 모자 유형 이외에도 모피를 쓰고 신분을 위장하는 '당나귀 가죽' 유형의 신데렐라 서사가 있다. 이 유형에서는 기묘하게도 근친상간 모티프가 자주 나타난다. 첫 번째로 소개할 것은 터키 의 「양모 소녀」다.

옛날 옛적에 태수 부부가 있었는데 그들에게는 자식이 없었 다. 어느 날 태수는 탁발승을 만나 아이를 가지게 해달라고 부탁한다. 그러자 스님은 부인과 함께 먹으라고 이르며 사과 를 건네준다. 그 말대로 하자 부인은 곧 임신을 했고 몇 달 뒤 여자아이가 태어난다. 그러나 부인은 아이를 낳고 얼마 지나지 않아 운명을 달리한다. 그녀는 이런 유언을 남긴다.

"당신이 다시 결혼을 한다면 제가 차고 있는 이 팔찌가 꼭 맞는 여인과 해야 합니다."

시간이 흐르고 딸이 17살이 되던 해, 태수는 재혼을 하려고 결혼 상대를 찾았지만 팔찌가 맞는 여성이 없었다. 그런데 시험 삼아 딸에게 팔찌를 채워 보니 딱 맞았다. 결국 그는 딸과 결혼하기로 결심한다. 놀란 딸은 아버지에게 항의했지만 소용없었다. 그녀는 양치기에게서 양가죽을 하나 얻어 뒤집어쓰고 성을 탈출한다.

숲을 지나 어느 도시에 도착한 딸은 이웃나라 왕실의 양치기가 데리고 있던 양떼에 섞여 다른 나라의 성 안으로 들어간다. 그녀는 양들을 따라 사육장으로 몰리는데, 이대로 양들과 함께 생활할 수는 없었다. 결국 양 행세를 포기하고 "저는 들어가기 싫어요."라며 항의한다. 양이 말하는 것을 보고 깜짝 놀란 하인이 그 일을 태수에게 보고하니 태수는 흥미를 보이며 그녀를 데려오게 한다. 그녀는 태수의 앞에서 가죽을 벗으며 자신을 '양모 소녀'라고 소개하고 성의 구석에 방을 얻어 하녀 일을 하게 된다.

태수에게는 왕자가 한 명 있었는데, 혼기가 차 신붓감을 찾기 위해 전국의 젊은 여성들을 초대해서 연회를 열었다. 왕자는 마음에 드는 여인에게 작은 황금 공을 던지기로 한다. 양모 소녀도 초대받지만 곧바로 참석하지 않고 사람들이 사라진

다음에야 노란색 옷으로 치장한 뒤 연회에 나간다. 그 모습이 유난히 아름다웠기에 왕자는 소녀에게 황금 공을 던졌지만 그녀는 도망치듯 방으로 돌아왔고 즉시 모피로 갈아입는다. 양모 소녀는 연회 둘째 날에 녹색 옷을, 셋째 날에는 흰색 옷을 입고 나타난다. 왕자는 매번 양모 소녀에게 황금 공을 던졌지만 그녀는 계속해서 도망친다.

왕자는 직접 상대를 찾으러 떠나기로 한다. 하녀의 모습으로 돌아간 양모 소녀는 먼 길을 떠나는 왕자에게 파이를 선물한다. 왕자는 각지를 떠돌지만 원하는 상대를 찾지 못한다. 설상가상으로 도중에 강도 무리를 만나 소지품을 모두 뺏기고 만다. 왕자는 배가 고파 말의 안장 사이에 숨겨 두었던 파이를 먹다가 그 안에서 황금 공을 발견한다. 그는 곧 곁에 두고 있던 하녀가 자신이 찾던 사람이라는 것을 깨닫고 성으로 돌아가 그녀와 결혼한다. 40일, 40번의 밤이 흐르는 동안 축제가 계속되었다.

―야마무로 시즈카, 『세계의 신데렐라 이야기』 중에서

「양모 소녀」에서도 주인공이 계모에게 괴롭힘당하는 모티프는 빠져 있다. 대신 아버지는 딸에게 팔찌가 딱 맞는다는 이유로 부녀간 결혼을 요구하고 놀란 딸은 아버지를 피해 성을 나선다. 그녀는 정체를 숨기기 위해 모피를 이용해 동물로 변장한다. 이때 모피에 신비한 힘이 있는 것처럼 묘사된다는 점에서 고대 인류가 동물을 믿고 숭배하던 토템 신앙을 떠올리게 한다.

터키는 일찍이 크리스트교를 받아들였고 이후 이슬람교가

양모 소녀가 쓰고 있던
모피에는 신비한 힘이
있어서 그녀를 위기에서
구하고 행운을 가져다 준다.

귀스타브 도레, 양들에게
둘러싸여 있는 소녀, 1867

유입되었는데 이 이야기가 어느 때에 전파되었는지는 확실하지
않다. 모피가 중요한 소재인 것으로 보아 목축 문화를 배경으로
하고 있다는 것만은 분명하다.


## 이탈리아의 「암컷 곰」

바실레의 『펜타메로네』에는 「암컷 곰」(1637년)이라는 이야기
가 수록되어 있다. 지금까지 소개한 내용과 비슷하지만 그중에
서 이탈리아인의 특징이 스며들어 있는 대목이 흥미롭다. 줄거
리를 소개하자면 이렇다.


로카스프라 왕국에 왕과 아름다운 왕비가 살고 있었다. 어느
날, 왕비는 중병에 걸린다. 죽기 직전에 그녀는 이렇게 말한다.

"저만큼 아름다운 사람이 나타날 때까지 재혼하지 말았으면
좋겠어요."

왕은 그러리라고 맹세했지만 왕비가 죽자 곧바로 재혼 상대
를 찾기 시작한다. 그러나 그 과정은 쉽지 않았다. 나라에서
최고의 미녀를 왕비로 삼겠다고 공표하니 많은 후보자가 등
장했지만 적합한 사람이 없었다.

고민하던 왕의 눈에 든 사람은 다름 아닌 왕비만큼 아름답게

자란 자신의 딸, 프레초사[10] 공주였다. 왕은 공주에게 무작정 혼례를 치를 것을 명령한다. 놀란 공주가 난감해하고 있자 화장품을 파는 노파가 나타나 마법의 막대기를 건넨다. 노파는 막대기를 입에 물면 곰으로 변할 수 있다고 귀띔한다. 노파의 말대로 공주는 혼례날 밤에 막대기를 입에 물어 곰으로 변신한다. 그녀는 왕이 깜짝 놀란 틈을 타 숲으로 도망쳤고, 숲속에서 동물들과 함께 지낸다.

며칠이 흘러 이웃나라의 왕자가 숲을 지나가다가 곰을 발견한다. 놀라서 도망치려는데 자세히 살펴보니 전혀 위협적이지 않고 사람을 잘 따르는 곰이었다. 그는 곰을 성으로 데리고 간다. 그로부터 얼마 뒤, 왕자는 깜짝 놀란다. 성에서 기르던 곰이 여인으로 변해 머리를 빗고 있는 것이 아닌가. 그 아름다움에 가까이 다가가려 하니 공주는 곰으로 변신해서 숲으로 도망쳐 버린다.

왕자는 너무 상심한 나머지 병에 걸린다. 왕비는 왕자가 그렇게 된 것이 곰 때문이라 생각하고 하인에게 곰을 죽일 것을 명령한다. 하인은 숲속에서 곰을 찾았지만 사람을 잘 따르는 곰을 죽이지 못하고 놓아주며, 왕비에게는 죽였다고 거짓으로 보고한다. 이윽고 곰이 살아 있다는 소식을 들은 왕자는 병든 몸으로 숲으로 들어가 곰을 다시 성으로 데려온다.

왕자의 간곡한 부탁으로 곰은 왕자의 식사와 이부자리를 담당한다. 곰은 세심하게 신경쓰며 나무랄 데 없이 일처리를 잘하여 모두가 경탄한다. 왕자가 곰에게 입을 맞추자 곰이 물고

---

10 '곰의 가죽을 뒤집어쓴 소녀'라는 뜻이다.

있던 막대를 떨어뜨렸고 아름다운 공주로 돌아온다. 그녀는 자신의 신분을 밝혔고, 성 안의 모든 사람이 그 미모와 정숙함을 칭찬한다. 두 사람은 축복받으며 영원을 맹세한다.

―잠바티스타 바실레, 『펜타메로네』 중에서

「암컷 곰」 역시 왕이 자신의 딸을 재혼 상대로 선택하는 장면으로 시작한다. 주인공이 탈출을 꾀한 이유는 아버지의 요구를 피하기 위해서였다. 그런데 터키의 「양모 소녀」에서 왕이 17년 후에야 재혼을 생각하게 된 것에 반해 이탈리아의 「암컷 곰」에서는 아내가 사망하자마자 새로운 왕비를 찾는다. 이런 부분에서 이탈리아 남부 남성의 혈기 왕성한 기질이 잘 나타난다.

프레초사 공주가 변신했던 곰은 과거 유라시아 대륙에서 가장 경외하며 성에서도 사랑받는 동물이었다. 여기에서도 고대의 토템 신앙을 엿볼 수 있다. 또한 노파가 건네준 마법의 막대기 덕분에 주인공은 환상동화의 전형적인 흐름에 따라 위기에서 벗어난다.

## 프랑스의 「당나귀 가죽」

페로가 남긴 동화 가운데 「샹드리용」과 비슷한 유형으로 「당나귀 가죽」(1694년)이라는 이야기가 있다. 「양모 소녀」, 「암컷 곰」과 같이 변신이라는 소재를 다루는 유럽의 주요 민화 중 하나로 꼽힌다. 이후에 영화화되며 높은 인기를 자랑하는 배우 카트린 어느 나라에 왕과 왕비가 살았다. 그들은 서로를 매우 사랑하고 아꼈지만 갑작스럽게 왕비가 병에 걸리고 만다.

"저처럼 아름답고 현명한 사람 이외에는 재혼하시면 안 됩니다."

그녀는 이런 유언을 남기고 운명을 달리한다. 왕은 이를 명심하며 살다가 세월이 흘러 재혼을 생각하게 된다. 신하들은 왕의 상대를 찾아 헤맸지만 어디에도 마땅한 사람이 없었다. 그러던 중 왕이 문득 딸을 보니 마치 왕비를 보는 것처럼 아름답고 지혜로웠다. 그는 자신의 딸과 결혼하기로 결심한다. 신하뿐만 아니라 공주도 깜짝 놀라 만류하였으나 소용이 없었다. 공주는 어찌할 바를 몰라 동굴로 도망친다.

동굴 안에는 공주의 대모인 요정이 있었다. 요정은 그녀에게 조언을 해 준다. 먼저 아버지에게 하늘색 드레스를 만들어 주는 것을 결혼의 조건으로 내걸도록 한다. 그 말을 전하니 왕은 문제없이 드레스를 만들어 건넸다. 요정은 이번엔 달빛을 띤 드레스와 태양처럼 화려한 의복을 요구하게 한다. 왕은 각각 재봉사에게 맡긴 뒤 완성된 옷을 딸에게 보였다. 더 이상 대책이 없다면 아버지와 결혼을 해야만 했다. 공주는 점점 절망에 빠진다.

묘책이 필요했다. 요정은 최후의 방법을 사용한다. 왕에게는

아버지의 구혼에 황급하게
성에서 도망치는 공주.

귀스타브 도레, 「당나귀 가죽」
삽화, 1867

왕국의 아주 귀중한 재산인 황금을 낳는 당나귀가 있었다. 요 정은 그 당나귀의 가죽을 달라고 조르면 왕이 결혼을 포기할 것이라고 생각한다. 그런데 예상과는 달리 왕은 이를 받아들 여 당나귀 가죽을 흔쾌히 내준다.

공주의 요청이 모두 이루어져 결국 혼례를 치를 준비가 시작 된다. 다급해진 공주는 요정으로부터 마법의 상자를 받아서 당나귀 가죽을 뒤집어쓰고 변장한 뒤 다른 나라로 탈출한다. 한참을 헤매던 공주는 어느 농부의 가축 막사에서 파수꾼으 로 고용되어 고된 일을 시작한다. 휴일에는 가죽을 벗고 마법 의 상자에서 옷을 꺼내 입어 아름다운 모습으로 돌아왔다.

한편 그 나라에는 늠름한 왕자가 있었는데, 사냥 도중 공주가 머무는 농가에 들르게 된다. 왕자는 가축 막사 안쪽을 열쇠 구멍으로 들여다보다 공주를 발견하고 첫눈에 반한다. 그러 나 그 우아함에 직접 말을 걸지 못하고 집주인에게 막사에서 살고 있는 아름다운 여인이 누구냐고 묻는다. 집주인은 대수 롭지 않다는 듯 대꾸한다.

"아름다운 여인은커녕 꾀죄죄한 당나귀 가죽만 있을 뿐이에 요."

사랑에 빠진 왕자는 성으로 돌아간 뒤에도 여인을 잊지 못하 다가 몸져누워 버린다. 왕비는 걱정하며 의사를 불러 아들을 진단하도록 한다. 상사병이라는 것을 안 왕비는 그 상대를 캐 묻고 찾아 나선다. 때마침 왕자가 당나귀 가죽을 쓴 여인이 만든 케이크가 먹고 싶다고 하기에, 왕비는 공주가 일하고 있는 농가로 찾아가 집주인에게 사정을 이야기한다.

공주는 케이크 가루를 반죽한 다음 그 안에 반지를 넣고 구워서 왕비에게 건넨다. 왕자는 성에서 케이크를 먹던 도중에 안에 있던 반지를 발견하고는 이 반지가 손가락에 딱 맞는 여인과 결혼하겠다고 말한다. 즉시 성 안에서 아름답고 신분이 높은 여인을 찾아 반지를 끼워보았지만 반지의 크기가 너무 작아서 손가락에 맞는 이가 없었다. 할 수 없이 신분을 가리지 않고 온 여인을 수소문했는데 그것도 허사였다. 마지막으로 초라한 당나귀 가죽을 입은 여인밖에 남지 않았고 시험 삼아 그 손가락에 반지를 끼우자 딱 맞았다. 모두 왕자가 초라한 여인과 결혼한다는 소식에 낙담한다. 하지만 그녀가 당나귀 가죽을 벗어 던지고 우아한 의상으로 갈아입자 눈이 휘둥그레질 만큼 아름다운 모습으로 변한다. 그렇게 두 사람은 결혼해서 행복하게 살았다.

―샤를 페로, 『페로 동화집』 중에서

이 이야기는 페로가 『펜타메로네』에서 수집하여 프랑스 궁정용으로 개편한 것이다. 조력자가 요정 대모라는 점에서 「샹드리용」과 닮았다. 여담으로, 파리에서 서남쪽으로 35킬로미터 정도 떨어진 곳에 브르퇴이 성이 있는데 성주는 브르퇴이 가문이자 페로와 동시대에 살았던 인연이었다. 이 성은 페로의 동화 속 등장인물이 납인형으로 장식되어 있는 곳으로도 유명하다.

「당나귀 가죽」의 배경은 민속학적으로 탄생, 결혼, 사망과 관련이 있다. 러시아의 민속학자 블라디미르 프롭의 말에 따르면 가죽을 쓰는 행위는 삶과 죽음을 관통하는 일종의 통과 의례다. 즉 주인공이 가죽을 뒤집어썼다가 벗는 것은 죽음과 탄생을 넘나드는 것을 의미한다. 태어날 때 포대(난막과 태반)에서 벗어나 결혼식과 장례식 때 베일을 쓰는 관습도 삶과 죽음을 상징한다고 한다.

또한 왕이 친딸과 결혼하려는 전개가 언급되기는 하지만 결국 이루어지지 않기 때문에 독자들이나 가톨릭 쪽에서도 문제삼는 일은 없었다.

## 『그림동화』의 「천 마리의 가죽」

『그림동화』에는 「천 마리의 가죽」이라는 미묘한 이야기가 수록되어 있다. 재미있는 사실은 『그림동화』가 인쇄를 거듭하면서 이야기의 내용이 조금씩 수정되었다는 것이다.

초판(1812년)에서는 왕이 왕비를 잃고 나서 딸에게 죽은 왕비와 닮았다는 이유로 혼인을 강요한다. 공주는 결혼을 거부하며 천 마리의 짐승 가죽을 엮은 망토를 뒤집어쓰고 왕국을 탈출하지만 숲속에서 붙잡혀 결국 아버지와 결혼하게 된다. 그러나 독자들은 근친상간 줄거리에 강하게 반발했고 그림 형제는 제2판부터 딸이 아버지를 피해 새로운 삶을 사는 결말로 바꾸었다. 여기에서는 완결판(제7판)을 참고하여 줄거리를 소개하겠다.

어느 나라의 왕과 왕비에게 무엇과도 바꿀 수 없는 소중한 외동딸이 있었다. 왕은 현명하고 아름다운 왕비를 매우 사랑했다. 그러나 그녀는 중병에 걸려, 죽기 직전에 자신보다 아름답고 영리한 여자가 아니면 재혼하지 말라는 유언을 남긴 뒤 숨을 거둔다. 내심 그런 여성은 이 세상에 존재하지 않는다고 생각했기 때문이다.

그 말대로 왕은 재혼을 거부하지만 신하들은 왕의 배필을 찾아 나선다. 그러나 조건에 맞는 여성은 어디에도 없었다. 시간이 흐르자 굳건했던 왕도 재혼을 결심하게 되는데 문득 딸을 보니 죽은 왕비와 쏙 빼닮아 딸과 결혼하려 한다. 그 소식을 들은 신하들은 모두 놀란다. 무엇보다 가장 당황한 사람은 공주였다.

공주는 결혼을 피하기 위해 억지를 부려 천 마리의 동물 가죽으로 엮은 망토를 만들어 달라고 요구한다. 불가능할 것이라 생각했던 물건은 너무나도 쉽게 완성되었고 다급해진 공주는 그것을 입고 성을 탈출한다. 숲속에서 헤매던 그녀는 이웃나라 왕실의 사냥꾼들과 마주친다. 천 마리의 동물 가죽을 뒤집어쓴 모습에 흥미가 생긴 사냥꾼들은 공주를 성으로 데려가 부엌에서 허드렛일을 시킨다.

어느 날, 성에서 축제가 열린다. 모두 연회 준비로 바쁜 와중에 공주는 잠시 휴식 시간을 얻게 되어 예쁘게 차려입고 축제 장소에 도착한다. 왕이 그 모습을 보고 지금껏 본 적 없는 아름다움에 반해 공주와 함께 춤을 춘다. 축제가 끝나자 공주는 왕에게 인사를 하고 연회장에서 나와 다시 가죽을 뒤집어쓴다. 왕은 그녀를 쫓았지만 어디에서도 찾을 수 없었다. 배고

「천 마리의 가죽」 초판에서는 공주가 아버지의 구혼을 받아들이고 결혼하지만 근친상간
논란에 휩싸이자 곧 동물 가죽을 쓰고 도망가는 전개로 바뀌었다.

아서 래컴, 여러 동물의 가죽을 쓴 소녀, 1918

프고 지친 그는 차려져 있던 수프를 마신다. 맛있게 먹고 있는데 무언가 반짝여서 자세히 보니 수프 안에 금반지가 들어 있었다. 왕은 요리사에게 누가 수프를 끓였는지 묻는다. 요리사는 자신이 만든 것이라고 거짓말을 하지만 계속 추궁당하자 결국 이상한 망토를 쓴 사람이 만들었다고 고백한다.

다음 날에도 공주는 금으로 만든 물레를 빵이 들어간 수프 안에 넣고 옷을 갈아입은 뒤 왕과 춤을 춘다. 그리고는 시간이 되자 연회장에서 빠져나와 본모습으로 돌아간다. 세 번째 연회 역시 마찬가지였다. 공주는 별처럼 빛나는 아름다운 옷을 입고 왕과 춤을 춘다. 왕에게는 그녀를 붙잡을 마지막 기회였다. 그는 공주의 손가락에 몰래 반지를 끼워 두고 평소보다 오래 춤추며 손을 놓지 않는다. 공주는 곧 왕의 손에서 빠져나와 부엌으로 돌아가지만 변장할 시간이 충분하지 않아 결국 왕에게 들킨다. 왕이 끼워 준 반지가 그 증거가 되었다. 공주는 자신의 신분을 밝히고 왕과 결혼한다.

—그림 형제, 『그림동화』 중에서


천 마리의 동물 가죽은 아버지와의 결혼을 피하기 위한 공주의 억지스러움을 비유하는 물건이기도 하지만, 여기에도 옛 풍습의 자취가 남아 있다. 가죽을 쓰는 행위는 「당나귀 가죽」과 같은 위장의 수법일 뿐만 아니라 「잠자는 숲속의 미녀」와 동일 계통으로, 일시적으로 잠에 빠져든 상태를 의미한다.

공주는 천 마리의 동물 가죽을 쓰고 숲속의 동굴에서 동물처럼 생활한다. 이후 완결판에서는 초판과 달리 다른 나라의 왕이

숲속에서 공주를 발견하고 결혼하는 전개가 펼쳐진다. 이렇게
그림 형제는 근친상간을 부정하고 크리스트교의 윤리관을 강조
한 어린이 동화로 개편했다.

# 백설공주의 비밀

## 과거로부터 이어져 온 근친혼

당나귀 가죽 유형의 신데렐라 서사에서는 왕비를 잃은 왕이 친 딸과 결혼하고 싶어 한다. 특히 그림 형제가 수집한 「천 마리의 가죽」 초판에서는 왕과 공주가 실제로 결혼을 하는데 어린이 동화의 줄거리로 보기에는 전개가 다소 비정상적이다. 이들은 왜 근친상간을 동화의 주제로 선택했을까?

인류는 고대부터 근친상간을 엄격하게 금지해 왔다. 그러나 신화의 신들이나 고대 왕후王侯만은 예외였다. 신화에서는 신들 의 근친상간 이야기가 자주 언급된다. 가령 고대 이집트의 이 시스와 오시리스, 그리스 신화의 크로노스와 레아, 북유럽 신 화의 프레이와 프레이야, 일본 신화의 이자나기와 이자나미는 모두 남매인데 부부의 연을 맺기도 했다. 참고로 고대 일본에 서는 아내를 '여동생'이라고 부르기도 했으며 이는 남매혼의 잔재라고 할 수 있다. 때묻지 않은 태초의 신화에는 이렇듯 남 매혼이 많다.

그리스 신화에서도 키니라스와 미르라의 부녀혼, 이오카스테와 오이디푸스의 모자혼 등 근친상간 사례가 빈번하게 나타난다. 실제로 이집트의 막강한 파라오였던 람세스 2세는 세 딸과 근친혼을 행했다. 일반적으로 근친혼 중 모자혼은 모계 사회를, 부녀혼은 부계 사회를 배경으로 한 것이라고 여겨진다. 이처럼 근친상간 사례는 모두 신화나 왕족 사이에서 나타났으며 그 외에는 거의 찾을 수 없다.

한편 원시시대에는 여신 숭배가 성행했고 모계 상속도 있었기 때문에 모자혼이 존재했지만 부계 사회였던 유럽의 근친상간에서는 왕과 공주의 관계만 있을 뿐 왕비와 왕자의 관계는 존재하지 않는다. 유럽이 부계 사회로 전환되면서 지배자 남성의 결혼만이 부각되었기 때문이다.

그렇다면 신데렐라 서사에서 왕족의 근친상간 행위는 정통성이나 왕후 혈통의 순수성, 혹은 재산 유지나 왕족의 결속을 위해서가 아니었을까? 영국의 인류학자 제임스 프레이저는 『황금가지』에서, 과거 왕위의 혈통은 왕비를 통해 이어졌고 왕비가 죽으면 그 권한은 딸을 통해 계승되었다고 한다.

> 왕과 왕비의 부부 관계가 종결되면 왕의 권력도 함께 소멸되었고 왕위는 곧바로 공주의 남편에게 양도되었다. 따라서 만약 왕이 아내가 죽은 후 통치권을 유지하려면 자신의 딸과 결혼하여 이전에 왕비를 통해 얻었던 왕권을 딸을 통해 연장하는 방법밖에는 없었다.
>
> ─제임스 프레이저, 『황금가지』 중에서

왕은 왕비와의 사이에 왕자가 있으면 다음 왕위를 아들에게 넘겨주지만 왕비가 죽고 대를 이을 남성이 없다면 지배권은 공주의 남편인 다른 나라 왕자에게 넘어가게 된다. 이때 왕이 그 사실을 받아들이지 못하는 경우 왕비와 똑 닮은 딸과 결혼하여 왕권을 이어가려 하는 것이다.

고대 사회에는 왕위 계승이 가장 중요한 문제였으며 안정적인 승계가 이뤄지지 않으면 큰 혼란이 일었다. 혈통을 중시하는 왕위 계승 과정이 당나귀 가죽 유형의 신데렐라 서사 속에 '근친상간'이라는 부조리한 소망으로 남아 있는 셈이다.


## 백설공주를 새롭게 해석하다

그렇다면 신데렐라 서사의 일종인 「백설공주」도 새롭게 해석할 수 있지 않을까? 「백설공주」 또한 주인공이 계모인 왕비에게 쫓기고 난쟁이의 도움을 받아 왕자와 결혼하는, 변형된 신데렐라 서사의 흐름을 갖추고 있다. 「백설공주」는 그림 형제가 전해 들은 이야기들을 모은 초고 '에렌베르크 필사본'과 『그림동화』 초판부터 7판까지 수록되어 있는데, 초고와 초판에서는 계모가 등장하지 않고 친모와 백설공주의 갈등으로 이야기가 시작된다.

초고에서는 왕과 왕비 사이에 백설공주가 태어나고, 시간이 흘러 딸이 자신보다 아름다워졌다는 이유로 질투에 사로잡힌 왕비는 백설공주를 죽이려고 한다. 왕비는 세 번 변장한 끝에 독사과로 숲에서 살던 백설공주를 살해한다. 그런데 어느 날, 왕이 숲속에서 백설공주가 죽어 있는 것을 발견한다. 서둘러 시종이 마법을 걸어 백설공주를 살려 내고, 돌아온 백설공주는 다른 나라의 왕자와 결혼한다. 결혼식에 참가한 왕비는 새빨갛게 달아오른 구두를 신고 죽을 때까지 계속 춤을 추었다.

초판에서도 마찬가지로 왕비가 딸의 미모를 질투해 딸을 죽이려고 한다. 그런데 친어머니가 단순히 딸을 시기해서 세 번이나 살해하려는 것은 개연성의 측면에서 너무 부자연스럽다. 보통 어머니라면 딸이 아름답게 자라는 것을 기쁘게 여기기 마련이다. 독자들이 강하게 비판하자 그림 형제는 2판부터 '계모'를 등장시켜, 아름다운 '의붓딸'을 질투해서 죽이는 결말로 바꾸었다. 이후에도 7판까지는 같은 패턴으로 계모인 왕비가 질투에 의해 백설공주를 죽인다고 되어 있다. 이러한 전개에는 많은 독자가 납득했다.

그런데, 친어머니가 친딸을 살해하는 부자연스러운 내용이 전개된 이유는 「당나귀 가죽」처럼 왕과 백설공주의 근친상간이 있었기 때문은 아닐까? 가령 마법의 거울이 고하는 진실은 왕의 목소리를 상징화한 것이라고 해석할 수 있다. 왕비가 거울에게 '누가 가장 아름다운지' 집요하게 물어보는 것은 왕에게 질문하는 것과 같다. 처음에 왕비가 가장 아름답다고 말하던 거울은 나중에는 '백설공주가 천 배 더 아름답다'고 한다. 이 거울의 목소리를 통해 왕비는 남편과 딸의 관계를 알게 된 것이다. 질투에 눈이 먼 왕비는 친딸을 죽이기로 결심한다. 이것이 초고와 초판에 나타난 살인의 진상이 아니었을까?

이처럼 이탈리아, 프랑스, 독일 등의 신데렐라 서사에서는 왕이 친딸과 결혼하려는 전개가 많았다. 그런데 이후 유럽의 근친 혼인 이야기는 크리스트교 윤리관에 반한다는 이유로 대부분 금지되었다. 다만 그 소망만은 남아, 실제로는 왕이 자신의

「백설공주」의 원작은 계모가 아닌 친어머니가 백설공주를 죽이는 내용이었다. 개연성이
부족해 독자들의 비판을 받았지만, 그 내면에는 왕과 백설공주의 근친상간 관계가
있었을지도 모른다. 왕비가 들고 있었던 마법의 거울은 '백설공주가 훨씬 예쁘다'고
생각했던 왕의 목소리를 대신 전해 주는 역할을 했던 것이 아닐까?

프란츠 위트너, 「백설공주」 일러스트, 1905~1910

딸과 결혼하지 못하고 공주는 재치 있게 구혼을 회피하는 이야기로 개편되었다. 이때 사람들은 오늘날 신데렐라 서사의 주요 내용인 '계모와의 갈등'을 추가했다. 계모의 괴롭힘은 사망률이 높았던 당시의 시대적 상황과 가족 구성으로 비추어 보았을 때 충분히 일어날 수 있는 일이었기 때문에 독자들을 설득하기 쉬웠다. 이를 기점으로 신데렐라 서사는 계모가 의붓딸을 괴롭히는 전개로 변해 갔다.

결과적으로 동화에서는 종교적인 이유와 더불어 근친상간의 동기는 흔적도 없이 사라지고 「백설공주」의 초고와 초판처럼 친딸에 대한 질투심이 살인의 동기로 남았다. 그러나 그것 역시 부자연스럽기는 마찬가지여서, 친어머니가 죽고 계모가 나타나 독사과로 의붓딸을 죽인다는 새로운 전개로 「백설공주」의 완결판이 탄생한 것이다.

# 변장을 사랑한
# 사람들

종교도 막을 수 없었던 그들의 열정

어떠한 물체를 온몸에 휘감는 골풀 모자 유형이나 동물의 가죽을 뒤집어쓰는 당나귀 가죽 유형의 서사들은 변장을 모티프로 하고 있다. 무언가를 쓰고 본래의 자신과는 다른 사람처럼 연기를 하는 주인공. 마치 가면을 쓰고 있는 것 같다.

중세 유럽에서는 카니발과 동지제, 봄 축제가 열리면 괴물처럼 생긴 가면을 쓰는 것이 유행이었다. 그러나 크리스트교의 영향 아래에서 로마 가톨릭은 이교 숭배에 뿌리를 둔 가면을 금지하려 한다. 가면과 분장이 인간 본래의 모습을 가린다는 이유에서였다.

가면을 많이 사용하는 카니발의 오르기아˙도 조심성 없는 풍습으로 비판의 대상이 되었다. 교회는 이교도의 풍습을 근절하기 위해 6세기에서 8세기에 걸쳐 사슴과 말의 가죽을 걸치거나

---

• 디오니소스를 숭배하는 신자들이 변장을 하고 소란을 피우는 의식.

남자가 여자로 변장해 소란을 피우는 축제를 거듭 금지했다. 특히 가면은 교회의 권력이 가장 강력했던 11세기부터 12세기까지 지속적으로 눈엣가시였다. 덧붙여 교회는 화장을 매춘부의 일로 간주하며 일반 여성들이 화장하는 것을 비난의 대상으로 꼽았다.

하지만 이러한 로마 가톨릭의 대응은 가면 풍습을 철저히 탄압하기엔 역부족이었다. 여전히 변방 지역에서 살아남거나, 카니발 등 축제 때 묵인되기도 했다. 가장 오래된 기록에 따르면 크리스트교 전성기인 13세기에도 카니발에서 가면을 썼다고 한다. 민중이 워낙 가면을 좋아했기 때문에 교회는 이를 완벽히 금지할 수 없었고, 가면은 축제라는 비일상적인 시간과 공간 속에서 끊임없이 이어져 올 수 있었다.


## 두 마리의 토끼를 잡은 페로

크리스트교의 가면 규제에 따라 신데렐라 서사도 영향을 받는다. 아무리 군중이 가면을 사랑한다고는 해도 이야기 속에 고스란히 등장시킬 수는 없는 상황이었다. 이때 가면 모티프를 은근히 감추는 요소로써 '변신'이라는 장치를 고안해 낸 결과가 바로 페로의 「샹드리용」이었다.

요정은 마법의 지팡이를 이용해 마차와 마부를 대령하고 샹드리용을 아름다운 공주로 변신시킨다. 여기에서 포인트는 바로 '변신'이다. 페로는 이 장면에 '자신의 모습을 숨기고 변장하는' 가면의 요소를 슬쩍 숨겨 두었다. 변신한 샹드리용은 무도회에서 자신의 모습을 어필한다. 그러나 밤 12시가 되면 마법은 사라지고 화려한 공주에서 재투성이 하녀로 돌아온다.

이렇게 페로는 가면극을 변신 이야기로 교묘하게 가장했다. 페로는 궁중에서 시중을 들었기 때문에 궁중인을 비롯한 민중이 얼마나 가면을 사랑하는지 잘 알고 있었으며 동시에 크리스트교가 가면을 싫어하는 것도 알고 있었다. 그 덕분에 사람들은 신데렐라 서사를 가면극처럼 즐길 수 있었다.

# 죽음과 환생

계모의 끔찍한 학대와 주인공의 복수

『그림동화』의 「노간주나무 이야기」

「노간주나무 이야기」의 주인공은 여자아이가 아니라 남자아이다. 이 이야기는 고대 게르만족으로부터 전해져 왔을 것이라고 추정되며 독일뿐 아니라 유럽 각지에 비슷한 이야기가 널리 존재한다. 또한『그림동화』초판부터 수록되어 있고 그림 형제가 좋아하는 이야기였다.

눈이 오던 어느 날, 오랫동안 아이가 생기지 않던 부부에게 드디어 아들이 태어난다. 그러나 아내는 곧 세상을 떠나 노간주나무 아래에 묻힌다. 아이의 아버지는 재혼을 했고 새어머니가 들어오자 머지않아 여동생이 태어난다. 전 부인에게서 태어난 남자아이는 계모로부터 끊임없이 학대를 당하지만 불평하지 않고 여동생에게 상냥하게 대한다.

어느 날 계모가 집에 돌아온 딸에게 사과를 주었는데 딸이 오빠에게도 주고 싶다며 조른다. 그날따라 유독 딸이 말을 듣지 않자 화가 난 계모는 성가신 남자아이를 죽이기로 결심한다. 그녀는 딸보다 조금 늦게 귀가한 남자아이에게 상자 속에서 사과 하나를 꺼내 오라고 이르고는, 그가 상자 안으로 얼굴을 집어넣자 뚜껑을 힘껏 닫아 그의 목을 잘라 버린다.

문득 정신을 차리고 자신의 행동을 후회한 계모는 다른 사람이 죽인 것처럼 꾸미기 위해 남자아이의 목과 몸통을 흰 천으로 말아 연결한 뒤 의자에 앉힌다. 여동생은 오빠가 죽은 줄도 모르고 말을 건넸으나 오빠는 창백한 얼굴을 하고 있을 뿐 아무런 대답이 없었다. 화가 나 그의 얼굴을 때리자 잘린 목이 데굴데굴 굴러 떨어진다. 여동생은 자신이 오빠를 죽였다고 생각하며 충격에 빠진다. 계모는 딸을 위로하면서, 한편으로는 태연하게 그의 시신을 토막 내 조리 중인 스튜에 던져 넣는다.

아버지가 일을 마치고 집에 돌아와 스튜를 먹는데, 그날따라 스튜가 더 맛있었다. 그는 몇 그릇이나 더 먹었고 여동생은 흐느껴 울면서 오빠의 뼈를 탁자 밑에 모아 뒀다가 비단 손수건에 싸서 노간주나무 아래에 묻는다.

그러자 남자아이는 아름다운 새로 환생한다. 그는 이곳저곳에서 아름다운 목소리를 뽐내다가 돌절구, 빨간 구두, 금사슬을 구해 집으로 돌아와 가족들을 부르듯이 지저귄다.

계모에게 죽임을 당한 주인공은 스튜의 재료가 되고, 여동생은 오빠의 뼈를 노간주나무 밑에 묻는다. 고대 사람들은 뼈를 모으면 죽었던 생물이 살아난다고 믿었다. 「노간주나무 이야기」에서도 애니미즘과 수목 숭배를 엿볼 수 있다.

모리츠 폰 슈빈트, 「노간주나무 이야기」, 1871

어머니, 나를 죽이고

아버지, 나를 드셨네

동생 마를렌이

내 뼈를 남김없이 찾아내어

비단 손수건에 감싸서

노간주나무 밑에 두었네

짹짹, 나는 얼마나 아름다운 새인가

그 소리에 이끌려 아버지가 밖으로 나오자 새는 아버지에게 금사슬을 주고 그 다음으로 따라 나온 여동생에게는 빨간 구두를 주었다. 계모는 처음에는 밖에 나가지 않으려 했으나, 새소리에 마음을 빼앗겨 결국 집을 나섰는데 돌절구가 머리 위로 떨어졌고 머리가 깨져 죽는다. 비로소 새는 본래의 모습으로 돌아갔고 아버지와 남매는 아무 일도 없었다는 듯이 함께 살았다.

－그림 형제, 『그림동화』 중에서

「노간주나무 이야기」에서는 의붓자식이 계모에게 살해당하는 충격적인 전개가 펼쳐진다. 그 후 인육을 먹는, 도저히 동화로 느껴지지 않는 잔인한 장면으로 이어진다. 하지만 노간주나무와 뼈의 영력, 여동생의 도움으로 주인공은 작은 새에서 인간으로 다시 태어나고 해피엔딩을 맞이한다.

노간주나무는 게르만족이 숭배하는 나무였고, 고대 사람들은 뼈를 모으면 죽은 사람이나 동물이 살아난다고 믿었다. 여동생이 노간주나무 밑에 뼈를 묻는 장면은 수목 숭배와 애니미즘을 반영하고 있다. 또한 주인공이 변신한 새는 일찍이 하늘에 있는 신과 지상의 인간을 중개하는 존재로 여겨져 왔다. 오늘날 우리가 알고 있는 천사는 새의 역할을 이어받은 존재라고 할 수 있다.

뼈를 통해 살인 사건의 진상을 밝히는 장면은 『그림동화』에 수록된 「노래하는 뼈」에서도 볼 수 있다. 이런 형태의 이야기는 이미 여러 지역에 널리 퍼져 있었다.

## 중국의 「추이얼과 렌얼」

중국의 산둥성과 산시성 등 베트남과 가까운 지역에 남아 있는 신데렐라 서사가 있다. 이 가운데 「추이얼과 렌얼」은 1부에서 소개한 「떰과 깜」처럼 계모가 주인공을 학대하는 이야기다. 신기한 점은 유럽의 「노간주나무 이야기」를 모티프로 하고 있다는 것이다.

어느 농가의 부부에게 '추이얼'이라는 이름을 가진 딸이 있었다. 그러나 아내가 죽고 농부는 후처를 얻는데 후처는 심술궂은 성격이었다. 얼마 후, 재혼한 부부 사이에서 딸이 태어나 '렌얼'이라고 불린다. 추이얼은 아름답고 부지런했으나 렌얼은 못생기고 게으름뱅이였다. 계모는 자신의 딸만 예뻐하고 추이얼에게는 못되게 군다.

어느 날 농부가 산에 잔디를 깎으러 가려 한다. 그때 렌얼이 농부에게 붉은 꽃을 따 와서 머리에 꽂아 달라고 청한다. 농부가 산에 올라가서 붉은 꽃을 꺾으려 하는데, 꽃 밑에서 뱀이 나와 이렇게 말한다.

"이 꽃을 머리에 꽂는 사람은 나의 아내가 되어야 한다."

농부는 뱀이 자신을 해할까 두려워 그렇게 하겠다고 약속해 버린다. 집에 돌아온 농부는 계모에게 붉은 꽃과 뱀에 대해 이야기한다. 그러자 계모는 화를 내며 꽃을 의붓딸인 추이얼의 머리에 꽂는다.

결국 추이얼은 뱀과 결혼해야 했고, 농부와 함께 부서진 쟁기를 혼수 삼아 산으로 올라간다. 농부가 딸을 뱀에게 맡기고 산을 내려가니 뱀이 사실을 토로하기를, 지금은 마법에 걸려 뱀의 모습을 하고 있지만 사실 젊은 남성이며, 사랑하는 사람의 이마에서 흐르는 땀으로 얼굴을 씻으면 원래의 모습으로 돌아갈 수 있다고 했다. 추이얼은 부서진 쟁기로 밭을 열심히 갈았고 뻘뻘 흘린 땀으로 뱀의 얼굴을 씻긴다. 그러자 뱀은 훌륭한 젊은이로 변한다. 두 사람은 매우 기뻐하며 집을 새로 지은 뒤 남편은 밭일을 하고 아내는 베를 짜며 즐겁게 산다.

시간이 흘러 추이얼의 아버지가 생일을 맞이해 추이얼이 친정으로 내려간다. 농부는 딸이 행복하게 산다는 소식을 듣고 매우 흡족해하지만 계모와 렌얼은 기분이 언짢았다. 렌얼은 추이얼에게 화장을 해서 어느 쪽이 예쁜지 비교해 보자고 제안한다. 그리고는 우물 수면에 비치는 모습을 자세히 보기 위해 몸을 기울이는 추이얼을 물속에 빠뜨려 버린다. 렌얼은 언니로 변장하여 추이얼의 남편이 사는 산으로 올라간다.

밤에는 어두워 렌얼을 알아보지 못한 남편은 다음 날 아침 몰라보게 변한 아내의 모습에 놀란다. 어떻게 된 일이냐고 캐물으니 렌얼은 이런저런 이유를 대며 얼버무릴 뿐이었다. 어딘가 의심스러워 남편이 처가를 방문하니 우물에서 노란 새가 튀어나온다. 남편이 작은 새에게 자신의 아내라면 소매 안으로 들어오라고 하자 새는 기다렸다는 듯이 소매 안으로 들어간다. 그는 작은 새를 산속으로 데리고 돌아가 새장 안에서 소중히 키운다. 렌얼은 그가 새만 귀여워하는 것이 못마땅해 새를 땅바닥에 내동댕이쳐 죽이고 만다.

남편은 작은 새가 죽은 것을 발견하고 눈물을 흘리며 땅에 묻어 준다. 그러자 그 자리에 대추나무가 자란다. 나무는 곧 크게 자라서 맛있는 대추가 열렸는데, 렌얼이 다가갈 때마다 송충이를 떨어뜨렸다. 화가 난 렌얼은 나무를 베어 넘어뜨려 버린다. 남편이 쓰러진 대추나무로 물레를 만들자 그 물레가 실을 잘 뽑아낸다는 소문이 삽시간에 퍼진다. 그 소식을 들은 동네 할머니가 물레를 빌리러 왔으나 렌얼은 그것마저 불태워 버린다.

그런데 그날 이후 동네 할머니의 집에서 이상한 일이 벌어진다. 아무것도 하지 않았는데 어느 순간 집안일이 모두 되어 있는 것이었다. 숨어서 지켜보니 아름다운 여자가 나타나 집안일을 하며 베를 짜는데 바로 젊은이의 아내, 추이얼이었다. 남편은 그 사실을 전해 듣고 매우 기뻐하며 추이얼을 다시 데리고 와 함께 산다. 참다 못한 렌얼은 우물에 스스로 몸을 던져, 그 안에서 두꺼비가 되어 울었다고 한다.

–나타기리 스스무, 『세계 전래 동화 4, 은비녀』 중에서

이 이야기에서는 계모가 아니라 의붓동생이 언니를 괴롭힌다. 중국 광둥성에서 전해지는 「예쁜이와 곰보」라는 이야기도 줄거리가 비슷하다. 한편 살인 사건, 새 모티프, 그리고 수목 숭배는 「노간주나무 이야기」의 계보임을 보여 준다.

## 일본의 「의붓자식과 새」

일본 전래 동화 중 「의붓자식과 새」라는, 규슈에서 동북지방까지 걸쳐 널리 분포하고 있는 이야기가 있다. 이와 비슷한 이야기가 일본에서만 200개 이상 존재한다고 한다. 민속학자 야나기타 구니오는 비슷한 이야기를 「의붓자식과 피리」라는 제목으로 소개하기도 했다.

첫째 딸과 둘째 딸, 막내아들을 둔 부부가 있었다. 어머니는 병으로 죽고 그 뒤에 아버지가 재혼을 했는데 계모는 성품이 나빠 의붓자식 셋을 학대한다. 어느 날, 아버지가 여행을 떠나게 되어 아이들에게 무슨 선물이 갖고 싶은지 묻는다. 첫째는 거울, 둘째는 설신, 막내는 벼루를 사 달라고 조른다. 아버지는 얌전히 집을 보고 있으라며 외출한다.

계모는 남편이 밖으로 나가자 큰 솥에 물을 붓고 끓기를 기다렸다가, 아이들을 불러들여 차례로 던져 넣어 버린다. 그리고는 시신을 변소 옆에 묻고 아무렇지 않은 표정으로 남편이 돌아오기를 기다린다. 며칠 뒤 남편이 집에 돌아와서 먼저 변소에 들어가 용변을 보고 나온다. 그러다 문득 정원에 있는 매화나무를 보니 처음 보는 새가 세 마리 앉아 있었다.

맨 위의 가지에 앉아 있던 새가 울었다.

"아버지가 그리워 짹짹, 거울은 이제 필요 없어 짹짹."

그러자 다음 새가 울었다.

"아버지가 그리워 짹짹, 설신은 이제 필요 없어 짹짹."

마지막으로 세 번째 새가 울었다.

"아버지가 그리워 짹짹, 벼루는 이제 필요 없어 짹짹."

아버지는 계모에게 아이들이 어디로 갔는지 물었고 계모는 근처에 놀러 갔다고 대답한다. 그녀가 아이들을 찾는 척하는 사이 아버지가 변소 옆을 파헤쳐 보니 그곳에 아이들이 묻혀 있었다. 화가 난 아버지는 괭이를 들고 계모를 때려 죽인다.

－세키 게이고, 『일본 전래 동화 대성 제5권』 중에서

이 이야기는 의붓자식을 학대하는 줄거리를 일본식으로 풀어낸 것이다. 「의붓자식과 새」에는 인육을 먹는 장면이나 뼈를 모아서 주인공이 환생하는 모티프는 나타나지 않지만 계모의 살인과 새로 변한 아이들, 매화나무 모티프는 「노간주나무 이야기」와 같은 계열임을 보여 준다. 다만 이 이야기가 어떻게 일본에 전파되어 각지에 퍼졌는지는 알 수 없다. 1889년과 1911년에 「노간주나무 이야기」가 일본에서 번역된 바 있지만 비슷한 이야기인 「의붓자식과 피리」[11]는 그 이전부터 일본의 전래 동화로 존재하고 있었기 때문이다.

러시아와 유라시아 대륙, 특히 중국 남부와 동남아시아에 이런 이야기가 상당히 많이 있다는 점에서 그 기원은 독일이나 유럽이 아니라 아시아라는 주장도 있다. 그러나 안타깝게도 민화의 특성상 근원지가 어디인지 추정할 만한 명확한 증거가 남아 있지 않기 때문에 진실을 파악하기는 쉽지 않다. 다만 「노간주나무 이야기」가 유럽에서 일본으로 직접 전파되었다고 볼 수는 없다. 일본의 경우, 지리적으로 보았을 때 중국 또는 동남아시아로부터 유입되었을 가능성이 가장 높기 때문이다.

---

11 「의붓자식과 새」에서 거울, 설신, 벼루가 나오는 것처럼 「의붓자식과 피리」에서는 피리와 북이 나온다. 그 외에 이야기 구조는 비슷하다.

# 계모는 왜 항상
# 가해자일까?

## 유럽의 결혼 형태와 계모의 악행

계모가 의붓자식을 학대하는 이야기는 가족 구성의 변화 및 사회적 상황과 관련이 있다. 유럽의 경우 남녀 간 합의하에 결혼하여 서로 존중하던 시대도 있었지만 점차 남성이 여성을 지배할 권력을 가지는 가부장적인 형태로 변화했다. 이때, 아내가 죽고 재혼할 경우 아이를 슬하에 두기 때문에 아이는 계모에게 학대당하기 일쑤였다. 이후 크리스트교가 전파되자 가장을 대신해 교회가 결혼과 재혼을 주도하고 사회 전반적으로 일부일처제가 실시되었다. 그렇게 중세에는 여러 가족이 함께 살고 이웃을 사랑하라는 크리스트교 정신과 청빈 사상에 의해 노골적인 학대가 어느 정도 억제되어 왔다.

그러나 중세에서 근대 초기, 각종 전염병이 창궐하고 전쟁과 출산으로 인한 사망이 잦아지면서 가족 관계가 무너졌다. 위생상태가 나빴던 시절이었기 때문에 평균 수명마저 짧았다. 그 결과 교회는 대부, 대모제를 마련했고 친부모에 후견인 부모를 더

한 독특한 자녀 양육 방식을 장려했다. 고아를 만들지 않기 위한 방책이자 지혜였다. 그러나 가족 구성이 단순해지면서 아이들이 또다시 가정 폭력의 사각지대에 놓이기 시작했다.

유럽에서는 근대 초기부터 핵가족화가 시작되었다. 유아 사망률은 높고, 평균 수명은 30대에 불과했으며 가족 구성원은 기껏해야 5~6명이었다. 르네상스가 시작된 이탈리아에서 개인주의가 생겨난 이유도 핵가족화로 독립된 자신만의 공간이 생긴 것과 밀접한 관련이 있다. 이런 핵가족화와 개인주의, 그리고 높은 사망률이 아동 학대를 조장했다고 할 수 있다. 그렇게 의붓자식을 학대하는 익숙한 현상이 이야기에 스며들어 퍼지게 되었다.


## 일본 서사의 특징과 학대 서사의 뿌리

고대 일본에서는 남편이 밤에만 아내의 집에 드나들었기 때문에 아내가 사망하더라도 아이는 아버지와 함께 머물지 않았고, 덕분에 아버지가 재혼을 해도 학대당하는 일은 발생하지 않았다. 그러나 헤이안 시대의 귀족은 원칙적으로 일부다처제였기 때문에 아이는 어머니가 사망한 후에 들어온 계모에게 학대를 당하는 일이 있을 수밖에 없었다.

또한 가마쿠라 시대에는 여자가 시집을 가는 형태로 결혼이 이루어졌다. 일본도 사망률이 높았던 시대에는 재혼이 빈번하게 일어났는데 이 경우 계모와 의붓자식 사이에 학대가 발생했다. 하지만 유럽과 달리 일본에서는 계모가 재혼 후 아이를 낳는 경우가 많았다. 즉 일본에서 계모란 결혼을 처음 했거나 재혼을 하더라도 자녀가 없는 여성을 일컫는다. 그래서 일본의 신데렐라 서사에서는 의붓자매가 아닌 이복자매가 등장한다.

일본에서 아이를 학대하는 이야기로는 「누카후쿠와 고메후쿠」, 「오긴과 고긴」, 「바리때를 뒤집어쓴 아가씨」 등이 있다. 그러나 계모의 괴롭힘이 있을지언정, 자매끼리는 아버지의 피를 함께 이어받은 사이이기 때문에 갈등이 그다지 크지 않다. 오히려 「오긴과 고긴」에서처럼 서로 협력해 위기에 대처하기도 한다. 유럽에서 자매끼리 혈연관계가 없어 서로 대립하는 것과 사뭇 다르다.

한편 독일에서도 계모의 학대 서사가 꾸준히 전해져 오고 있다. 이야기의 전개는 베트남의 「떰과 깜」과 유사하며 쫭족의 신데렐라 서사에도 비슷한 전개가 많이 존재한다. 따라서 학대 서사의 뿌리를 찾는다면 동남아시아일 가능성이 크다.

# 2.
# 서사의
# 유래

# 보편성

신데렐라 서사의 보편성과 전파의 관계

## 인류의 공통된 사고방식

지금까지 살펴봤던 것처럼 신데렐라 서사의 기본 구조와 방식은 어느 지역, 어느 문화권이든 매우 유사하며 특정 키워드로 분류가 가능하다. 화목했던 가족의 평화가 깨지고 어려운 일이 닥치지만 조력자의 도움으로 행복한 결혼에 이르는 과정은 동일하기 때문이다. 전 세계적으로 보더라도 그 유사성을 지적할 수 있으며 그 이유는 일정한 생성 법칙이 있거나 이야기가 전파되면서 서로 영향을 주고받았기 때문이라고 생각된다.

　앞선 글에서 잠시 언급했지만 민화 연구에서는 특정 장르나 모티프를 유형으로 분류하는 방법이 있다. 그중 가장 유명한 것이 아르네와 톰슨의 분류로, 그들은 2000개 이상의 민간 설화를 유형화하고 그 모티프를 분석해 타입별로 목록을 작성했다. 또한 신데렐라 서사의 유형을 크게 '환상동화'로 나누어 510, 510A, 510B, 511이라는 코드를 붙이며 세분화했다. 이러한 연구는 민간 설화의 전체적인 그림을 그리는 데에 있어서 매우 중요한 전제가 되었지만 왜 신데렐라 서사가 전 세계에 분포하고 있는지에 대해서는 답이 되지 못했다.

이 문제에 대해 심리학자들 사이에서는 민화의 동일성 및 유사성이 인류의 공통된 사고방식에서 비롯되었다는 해석을 제시하고 있다. 이 견해에 대해서는 융의 '심리학의 원형'이라는 개념을 언급해 볼 수 있다. 원형이란 인류의 보편적인 '집단무의식'의 형상으로, 문화의 차이를 초월한 공통성을 지닌다.

예컨대 신데렐라 서사에 내포되어 있는 인간의 심층 심리나 집단무의식에는 남성상과 여성상을 가리키는 '아니마와 아니무스'[12]나 '그레이트 마더' 등 몇 가지 개념이 원형으로 제시되었다. 이러한 보편성을 가진 원형은 모든 민화에 통용되는 것은 아니지만 기본적으로는 대부분 적용이 가능하다.

러시아의 민속학자 프롭은 구조주의적 입장에서 러시아의 환상동화를 형태학적으로 분석하여 31가지의 특징과 등장인물의 7가지 행동을 체계화했다. 물론 일부 누락되었을 수도 있겠지만 그는 환상동화가 일정한 형태의 구조로 집약될 수 있음을 시사했다. 이러한 선구적인 역할 덕분에 뒤이어 다른 학자들도 민화와 설화를 체계적으로 분류하고 탐구할 수 있었다.

---

12 아니마는 남성의 무의식적 여성 인격을 뜻하고 아니무스는 여성의 무의식적 남성 인격을 뜻한다. 이 두 개념은 남성과 여성이 서로를 인식하고 원하는 상을 투영하는 등 상호작용하는 데에 영향을 준다.

구조인류학의 새 장을 연 레비 스트로스는 세계 각지에 존재하는 신화의 공통성 및 보편성에 주목했다. 그는 문명화되지 않은 원시 종족들의 신화 속에서 인류의 공통된 근원적 사고방식을 파악했고, 그 시대부터 오늘날까지 공유되고 있는 사고 체계를 밝혀냈다. 그리고 융의 심리학적 무의식의 원형이라는 개념을 구조주의 관점에서 논리적으로 체계화하려 시도했다. 그런 의미에서 신화는 역사상 가장 중요한 인류학적 자료가 된다. 또한 종교학자 미르체아 엘리아데도 신화 속에 인류의 또 다른 '기원'이 숨겨져 있다고 보았다.

이런 선행 연구를 바탕으로, 인류의 공통된 사고방식을 전제로 하면서 신데렐라 서사가 어떻게 전파되었는지 탐구하고자 한다. 아마도 공통된 사고방식 덕분에 서사가 전 세계에 수월하게 확산되어 각지에서 수용된 것이 아닐까 한다. 모든 서사의 원형은 대부분 신화와 관련이 깊기에, 신화를 창조해 낸 인류의 사고 체계 역시 서사의 기원과 깊은 연관이 있다.

## 신화는 민화의 원초적 형태다

약 20만 년 전 아프리카에서 발생한 것으로 알려진 인류, 즉 호모 사피엔스는 이후 대이동을 하게 되는데 이러한 배경은 신데렐라 서사의 전파와도 관련이 깊다. 그러나 그 과정은 일정하지 않으며 신화적 발상을 바탕으로 해서 생겨난 원형이 안나 비르기타 루트가 말한 '신데렐라 사이클'을 형성하면서 각지에서 문화적 파동을 일으켜 전파의 고리를 넓혀 갔을 것으로 보인다.

이런 시점에서 민화의 원초적 형태인 신화에 주목하고 이를 근 거로 신데렐라 서사를 살펴보겠다.

일본의 종교 인류학자 나카자와 신이치는 유라시아 대륙에 퍼져 있는 신화의 역사가 상부 구석기 시대Upper Paleolithic age, 즉 최대 3만 년 전까지 거슬러 올라간다고 말한다. 그는 고대 사람들이 신화 속에 그들의 우주관과 세계관, 인생관을 투영시켰다고 보았다. 그 무렵에 우리가 상정하는 신데렐라 서사의 원형이 성립되었으리라 추측할 수 있다.

위기에 처하지만 그것을 뛰어넘어 마지막에 행복을 얻는다는 신데렐라 서사의 구조는 인류에게 희망의 원동력이 되었을지도 모른다. 이를 전제로 인류가 이동하게 된 배경과 신데렐라 서사가 전 세계에 전파될 수 있었던 이유를 밝혀낼 수 있을 것이다.

# 대이동

인류의 대규모 집단 이주

## 다지역 진화설과 아프리카 단일 기원설

현재까지 인류학에서는 원인原人 등의 '호모' 종류가 아프리카에서 태어났다고 보고 있다. 아프리카에서 시작된 최초의 대이동은 170만~70만 년 전에 발생했다고 알려져 왔다. 즉, 대이동을 통해 인류가 각지로 갈라져 나와 네안데르탈인, 베이징 원인, 자바 원인 등으로 분화된 것으로 해석되었다. 이것을 '다지역 진화설'이라고 한다. 또한 이 설의 진위는 차치하더라도 원인과 구인舊人의 시대는 시기상 신데렐라 서사가 발생하기 이전이므로 이동과 서사의 원형과는 관계가 없다고 보아도 무방하다.

그런데 20세기 후반인 1987년에 캘리포니아 대학의 레베카 캔과 앨런 윌슨 등이 다지역 진화설에 반론하는 연구 성과를

『네이처』에 발표해 큰 화제를 모았다. 그들의 주장에 따르면 현재 미토콘드리아 연구를 통해 호모 사피엔스의 공통조상이 밝혀졌다. 이들은 20만 년 전쯤에 아프리카에 있었는데 그 후손들이 7만~6만 년 전쯤에 아프리카에서 세계 각지로 이동하기 시작했다는 가설이 도출되었다. 이것이 이른바 '아프리카 단일 기원설'이다.

그럼 그 이전에 세계 각지에 있었던 네안데르탈인, 베이징 원인, 자바 원인들은 어떻게 되었을까? 물론 이주 과정에서 생존한 유럽 원주민인 네안데르탈인과 유럽의 호모 사피엔스인 크로마뇽인 사이에 일부 혼혈이 탄생했을 수도 있다. 하지만 현생 인류와 친인척 관계에 있던 또 다른 인류들의 상당수는 약 10만 년 전에 기후 변화를 비롯한 어떠한 사건으로 사멸했다고 여겨진다. 그에 비해 도구를 사용하며 대응 능력이 훨씬 뛰어났던 호모 사피엔스는 살아남았다.

최근의 문화인류학에서는 미토콘드리아 분석상 이 학설을 거의 정설로 굳히고 있다. 또한 두 가지 가설 모두 인류의 기원은 아프리카이지만 후자는 호모 사피엔스가 공통조상이므로 보통 '단일 기원설'이라고 표기하는 경우가 많다.

인류학자 가이후 요스케는 아프리카를 시작으로 유라시아 대륙 및 유럽으로 진출한 호모 사피엔스에 대해 다음과 같이 서술했다.


……아프리카를 떠난 호모 사피엔스 집단이 최초로 확산된 곳이 남아시아, 동남아시아, 오스트레일리아에 이르는 지역

이었다는 것은 확실하다. 오스트레일리아나 보르네오 섬에는 적어도 4만 5천 년 전의 것으로 여겨지는 확실한 호모 사피엔스의 유적이 존재하는데 그 시기는 이들이 유럽으로 진출하기 훨씬 이전이었다. ……동아시아 지역으로 진출한 시기가 언제였는지는 명확하지 않지만 북경 근교의 저우커우뎬 유적군에서는 4만 년 전에 존재했던 호모 사피엔스의 뼈 화석이 발견되고 있으며, 일본 열도로 향한 것은 3만 8천 년 전 즈음으로 추정된다. ……

유럽 지역에 살던 구석기 시대의 호모 사피엔스 집단을 일반적으로 크로마뇽인이라고 부른다. 오늘날 확립된 아프리카 기원설로 보면 크로마뇽인은 본래 아프리카에서 온 이주자였다는 것이 된다. ……유적 밀도가 높은 유럽 지역에서 크로마뇽인이 최초로 나타난 연대는 상당히 짧았으며 4만 5천 년~4만 2천 년 사이로 보고 있다.

—가이후 요스케, 「아프리카에서 탄생한 인류의 긴 여행」 중에서


　　인류학 연구자마다 다소 차이가 있지만 각지에서 출토된 인골의 DNA를 분석한 결과, 이동 경로와 연대가 대부분 일치하고 있다. 다만 이 시대는 마지막 빙하기로, 대륙 주변의 해수면이 낮고 유라시아와 북아메리카가 육지로 이어져 있었으며 일본 열도와 한반도, 인도네시아의 섬들까지 연결되어 있었다. 따라서 현재의 지형과는 확연히 다르다는 점을 유의해야 한다.

그렇다면 인류가 이동한 원인은 무엇일까? 열대 아프리카의 울창한 밀림에서 큰 변고가 있지 않았다면, 위험을 무릅쓰면서까지 세계 각지로 무리들이 이주할 필요는 없었을 것이다. 아프리카를 벗어나 새로운 세상으로 발걸음을 내딛은 이유에는 여러 가지가 있는데, 우선 기후와 자연환경이 변하면서 생존에 필요한 식량이 부족해졌기 때문이라고 예상된다.

물론 동물의 무리를 따라 이동했을 가능성도 높지만 우선적으로 식량 확보 문제나 집단 혹은 부족 간의 싸움으로 인해 이동이 불가피해진 이유도 있을 것이다. 덧붙여 집단이나 부족 바깥에서 배우자를 얻으려 한 것도 한몫 했을 가능성이 높다. 새로운 세상을 목표로 하는 모험심 역시 없었을 것이라 단정할 수는 없다.

신화와 민화를 통해 볼 때 그즈음에는 풍요로운 '약속의 땅'에 대한 희망이 있었던 것 같다. 불모의 황야를 지나 비옥한 북아프리카의 이집트에서 티그리스·유프라테스강에 이르는 '초승달 지대'로 이주하는 상상은 고된 삶의 버팀목이 되었을 것이다. 고난을 넘어 약속의 땅에 이르는 이런 스토리는 신데렐라 서사와 일치한다. 고대 인류의 대이동은 『구약성서』에도 암시적으로 기록되어 있다.

# 계시

인류의 운명을 암시하는 성경 속 구절들

## 낙원 추방

창세기 1장에서 3장까지는 낙원에서 인간이 창조된 유래에 대해 쓰여 있다. 아담의 갈비뼈로 이브가 만들어졌고 아담과 이브는 낙원에서 아무런 불편함 없이 즐거운 생활을 하고 있었다. 신은 아담에게 에덴 동산의 열매를 먹을 수 있게 허락하지만 그 가운데 유독 선악과 지혜의 나무 열매만은 금지한다.

그런데 그곳에 뱀이 침입하더니 이브에게 다가와, 그녀를 부추겨서 금단의 나무 열매를 먹게 했다. 그 후 이브의 말을 들은 아담도 열매를 먹는다. 그러자 아담과 이브는 갑자기 벌거벗은 모습에 부끄러움을 느끼고 무화과 나무의 잎으로 치부를 덮는다. 사실을 안 신은 분노했고, 이브에게는 생명을 낳는 고통을,

아담에게는 자신의 손으로 땅을 가는 노고를 겪게 했다. 이어 신은 그들을 에덴 동산에서 쫓아냈고 에덴 동산의 동쪽에 괴물 케루빔과 불칼을 놓아 생명의 나무를 지키게 했다.

신은 아담과 이브를 영원히 추방한 것이 아니었다. 그들에게는 케루빔 등을 보호하는 임무가 주어졌다. 그러나 인간은 영원한 삶을 잃었다. 이 일화에서 가장 중요한 부분은 아담과 이브가 신에게 벌을 받아 낙원에서 쫓겨났다는 점이다. 혹시 고대 인류가 아프리카에서 타지역으로 이동하는 것을 암시하는 것은 아닐까? 즉 성경은 그들이 원해서 이동한 것이 아니라 이동할 수밖에 없었던 국면에 내몰렸다는 사실을 이야기하고 있는 것이다.

낙원은 사막의 오아시스이자 '젖과 꿀이 넘치는 땅', 고민이나 괴로움이 없는 불로불사의 세계였다. 성서의 '에덴 동산'이 어디에 있었는지는 여러 가지 주장이 있어 단정하기 어렵지만 크리스트교에서는 메소포타미아 혹은 중동으로 상정하고 있다. 확실히 성서가 탄생한 시대로 보았을 때는 그 가능성이 높을 수도 있으나, 인류의 탄생 지역인 아프리카 동부가 낙원으로 기록되어 있다는 것도 황당한 일만은 아니다. 어쨌든 성경의 낙원 추방은 인류가 정든 땅을 떠나 떠돌 수밖에 없었던 안타까운 사정을 암시한다.

대홍수 전설

인류의 이동은 천재지변에서 빚어지기도 한다. 우선 이동과 가장 밀접한 관계에 있는 것은 과거 7만 년간의 기후 변화 데이터다. 1만 년 전은 마지막 빙하기로 기온이 현재의 평균치보다 큰 폭으로 낮아져 있었다. 이러한 급작스러운 변화는 아프리카에 있었던 인류에게도 큰 영향을 미쳤을 것이다.

여러 연구 결과에 따르면 마지막 빙하기에 지구는 지금보다 수면이 120미터 정도 낮았다. 따라서 아프리카와 아라비아반도의 일부가 육지로 이어져 있었고 당시 일본 열도도 대륙으로 이어져 있었다. 사하라 사막은 1만 년 전에 광활한 초원 지대였다. 문자가 없던 시대에 살던 사람들의 사상을 단정하기는 어렵지만 단서가 전혀 없는 것은 아니다. 호모 사피엔스가 이동한 흔적이 있다면 인류의 기원인 신화에 그 단서가 남아 있지 않을까? 가장 오래된 역사적 자료로써 창세기에 주목하고자 한다.

창세기 6장 이하의 기록은 너무나 유명하다. 신은 경건한 신자인 노아에게 신앙심이 없는 자들을 벌하기 위해 대홍수를 일으킬 것이라고 고했고 노아는 신의 뜻대로 거대한 방주를 만든다. 이윽고 신이 예언한 대로 폭우가 40일 동안 계속되어 대홍수가 일어난다. 노아는 준비한 방주에 가족과 동물들을 한 쌍씩 싣고 망망대해를 떠돌고 있었다. 어느 날 점차 물이 빠지고 있다는 것을 알게 된 노아는 비둘기의 예지로 육지를 찾아 이동하고 자손을 늘려 갔다.

이는 마지막 빙하기가 끝나고 간빙기가 오자 얼음이 녹아내려 바다의 수위가 상승했던 과거의 재앙과 거의 일치한다. 대홍수 전설은 수메르의 점토판에도 기록되어 있으며 세계 각지에 존재하는데, 그런 의미에서 성경에는 허구가 아닌 사실에 기반한 이야기들이 담겨 있다고 볼 수 있다. 노아가 도착한 곳은 현재 터키의 동쪽 끝에 있는 아라라트 산이며 이곳에 방주의 유적이 있었다고는 하나 진실 여부는 밝혀지지 않았다. 어쨌든 대홍수 전설은 고대 인류의 대이동과 기후 변화의 역사를 암시하고 있다.


## 바벨탑

인류가 뿔뿔이 흩어져 세계 각지로 이동하게 되면서 당초 통용되던 언어가 점차 변화하여 의사소통이 어려워지기 시작했다. 그 당시의 정황을 유서 깊은 바벨탑 이야기에서 엿볼 수 있다. 성경의 창세기 제11장에 바벨탑 이야기가 실려 있다. 여기에서는 의사 소통 문제가 중심이므로 호모 사피엔스의 언어 기능에 대해서 잠깐 언급하고자 한다.

현생 인류인 호모 사피엔스는 인두咽頭가 내려갔기 때문에 네안데르탈인보다 인두강咽頭腔이 커졌으며 자음을 발음하기 쉬워졌다. 이는 비약적으로 언어 능력을 발달시킨 요인으로 꼽힌다. 언어 소통은 문화를 급속도로 발전시켰다. 바벨탑은 약 7천 년 전의 이야기로 당시의 호모 사피엔스는 충분한 언어 능력을 가진 부족 집단을 형성했다. 탑을 건설하던 시대에 방주로 살아남은 노아의 자손들이 각 지역에 살고 있었는데 이때 사람들은 공통 언어를 사용했다. 이는 주변 부족과 동일한 언어로 의사소통을 했다는 것을 보여 준다.

노아의 3대 자손들은 명성을 얻고자 기존의 돌과 회반죽이 아닌 벽돌과 역청을 이용해서 하늘까지 닿는 바벨탑을 건설하기 시작했다. 그러나 그것은 신의 뜻에 반하는 일이었다. 분노한 신은 그때까지 하나였던 언어를 갈라 놓았다. 그 결과 사람들은 의사소통을 제대로 하기 어려워졌고 탑 건설은 중단되었다. 그 후 인류는 공통 언어를 잃고 각지로 흩어지게 되었다.

신이 계획을 중단시킨 이유는, 인류가 신을 소홀히 대하고 신의 영역에 가까워지려고 했기 때문이다. 신은 인간의 오만함을 벌하기 위해 여러 언어를 만들어 의사소통을 어렵게 했다. 이것은 지극히 종교적인 관점에서 쓰여진 이야기지만 현실적으로는 인류가 이동을 거듭해 광범위한 지역으로 이주하면서 많은 언어가 생겼고, 그 때문에 의사소통이 이루어지지 않았던 것이라고 해석할 수 있다. 바벨탑의 이야기는 앞서 언급한 인류의 대이동 과정에서 실제로 일어났던 사건에 기반한 것이라고 봐도 큰 무리는 없어 보인다.

그렇다면 언어학자들은 아프리카 단일 기원설과 언어학의 관계를 어떻게 보고 있을까? 야마모토 히데키는 치바대학교에서 열린 어느 강연회에서 다음과 같은 결론을 내렸다.

오늘날, 유전학적 연구가 눈부시게 진전됨에 따라 현생 인류의 단일 기원은 거의 확실해졌습니다. 그러나 그 즉시 언어의 단일 기원설이 성립하는가 하면, 이전에 비해 가능성은 높아졌다고 할 수 있겠습니다만 현 단계에서는 아직 하나의 가설에 그칠 뿐입니다. 지금의 저 역시 결론을 보류하지 않을 수 없습니다. 다만 현생 인류가 아프리카에서 나와 여러 인종으로 나뉜 지 겨우 6만 년밖에 되지 않았다는 점을 생각해 보면 적어도 세계 대다수의 언어, 특히 현생 인류가 아프리카를 떠나온 이후의 언어가 동일 계통일 가능성은 지극히 높다고 할 수 있지 않을까요? 또한 언어학자들도 언어 단일 기원설을 단순히 황당한 가설로 간주하지 말고, 특히 언어의 계통을 생각할 때 가능성을 항상 염두에 둘 필요는 있다고 생각합니다.

-야마모토 히데키,
「현생 인류 단일 기원설과 언어의 계통에 대하여」 강연 중에서

신중하게 돌려 말하고 있지만, 야마모토의 언어 단일 기원 가설은 충분히 납득할 수 있는 결론이다. 즉 성서의 바벨탑 이야기는 단일 언어에서 다언어多言語로 전환된 시점을 시사한다.

언어가 다양하면 민족 교류에 방해가 된다는 의견도 있지만 고대에는 사용하는 어휘의 수가 적었기에 언어의 장벽이 낮아 교류와 접촉에 큰 장애가 되지 않았다. 일상적인 표현과 단어들은 비교적 빨리 습득할 수 있고, 몸짓이나 손짓을 이용하면 의사소통이 그리 어렵지 않기 때문이다.

## 카인의 살인과 방랑

고대 인류의 원초적 생활은 수렵과 채집으로 이루어졌지만 주거가 정착되기 시작하면서 농경과 목축으로 분화되고 일부에서는 수렵과 채집도 병행되었다. 노아의 방주, 대홍수 전설과 거의 비슷한 시기를 다루고 있는 창세기 제4장에서 묘사되듯이,

낙원에서 추방된 뒤 이브는 농경민의 선조인 카인을 낳고 이어 목축민의 선조인 아벨을 낳았다.

그러나 형제는 서로 대립하게 된다. 카인은 신이 자신이 제물로 바친 그해 첫 곡물을 무시하고 아벨이 바친 양에 기뻐하자 아벨을 시샘해 죽여 버린다. 신은 카인에게 아벨이 어디에 있는지 물었으나 카인은 "모릅니다. 제가 동생을 지키는 사람입니까?"라고 대답한다. 그러자 신은 이렇게 말한다. "지금 너는 저주를 받았으니 이 땅을 떠나야 한다. 네가 땅을 경작해도 땅은 너를 위해 열매를 맺지 않을 것이다. 너는 방랑자가 될 것이다".

카인은 동생을 죽인 죄로 살던 곳에서 떠나 세상을 떠돌게 된다. 이는 역사적으로 농경민이 땅에서 쫓겨나 이동하게 된 상황을 말해 준다. 보통 농경민은 토지에 뿌리를 두고 정착해서 생활하지만 그들이 이동할 수밖에 없었던 데에는 특별한 이유가 있었다는 것을 의미한다. 실제로 목축민이 농경민을 습격하는 일이 잦았기 때문에 그 불화로 생긴 농경민의 방랑에 의미를 부여한 것일지도 모른다.

카인은 죄를 인정하고 죽음을 자각한다. 하지만 신은 그런 카인에게 질투가 얼마나 무서운 결과를 초래하는지 가르치고 반대로 아무도 그를 죽일 수 없도록 각인한다. 질투와 분노 때문에 살인 사건이나 전쟁이 일어나지 않도록 한 신의 자비였다고 할 수 있다. 그렇게 카인은 에덴의 동쪽에서 살게 된다.

바버라 워커의 『신화·전승 사전』에 따르면 카인은 이브의 장남이지만 아버지는 아담이 아니라 뱀이라고 한다. 즉 카인은 단순한 질투 때문이 아니라 근원적으로는 이브의 '원죄'를 계승하고, 그 결과 살인을 저질렀다고 해석할 수 있다. 이때 카인은 무기를 제조하는 대장장이였기에 그 흉기로 살인했을 것으로 추정된다.

크리스트교의 근간에는 원죄 의식이 뿌리깊게 자리하고 있다. 신의 관점에서 보면 인간은 모두 죄가 있는 존재이며 신에게 용서를 구해야 한다. 워커는 이브와 뱀의 관계가 그 후의 모든 죄악 행위에 영향을 미친다는 점에서 원죄의 근원이 여성으로 수렴되고 있음을 페미니즘의 입장에서 지적한 것이다.

이렇듯 카인과 아벨의 대립은 지상에서 처음 일어난 살인 사건으로 발전했으며 성경의 이러한 사례는 인류가 이동하게 된 원인을 나타내고 있다.

# 고대의 살인 사건

1만 년에서 5천 년 전 사이에 벌어진 일

## 살인 사건의 전말은?

호모 사피엔스가 거주했던 과거 유적에서 1만 년 전 인류의 모습을 단편적으로 알 수 있다. 이번에는 이와 관련된 두 살인 사건을 다루고자 한다. 이 부분에 이동의 단초가 숨어 있을 수도 있다. 그중 하나는 1만 년 전 아프리카 케냐에서 일어난 살인 사건에 대한 짤막한 뉴스다. 일본의 〈지지통신時事通信〉 2016년 1월 21일자 뉴스에 따르면 케임브리지대학을 중심으로 한 연구팀이, 살해된 것으로 보이는 27명의 인골을 발견하여 관련 내용을 『네이처』에 실었다. 이들은 아프리카를 떠난 고대 인류와 같은 뿌리를 가진 호모 사피엔스였을 것으로 추정된다.

　이곳에서 발견된 27명의 인골에는 어린이 6명과 태아도 포함되어 있었는데, 매장지는 발견되지 않았다. 곤봉 등에 의한 집단 살인이 분명했다. 장소는 케냐 북부 지구대에 있는 아프리카 최대 규모의 투르카나 호수로, 이곳은 300만~200만 년 전부터 인류의 조상이 살았던 곳이다. 이 일대는 호모 사피엔스의 발상지 중 하나로 알려져 있고 호수 주변에는 식량도 풍부하여 수렵 및 채집 시대에 이를 둘러싼 세력권 다툼이 살인의 원인이었을 것이라고 추측하고 있다. 이미 많은 집단이 아프리카를 떠났다고 해도 1만 년 전에 그곳에 남아 있던 부족끼리 분쟁이 있었다는 것을 충분히 짐작할 수 있다.

## 아이스맨의 등에 박힌 화살촉

1991년 9월 19일, 어느 독일인 부부는 오스트리아와 이탈리아 국경 부근에 있는 알프스 산중의 해발 3,210미터 빙하에서 5천 3백 년 전 청동기시대에 사망한 것으로 보이는 크로마뇽인의 시신을 발견했다. 이 미라는 조난당한 현대인의 시신이라고 오해할 정도로 잘 보존되어 있어 화제가 되면서 '아이스맨'이라고 불리게 되었다.

특히 몸에 지니고 있던 모피나 화살촉 등은 귀중한 자료였다. 주목할 점은 미라의 등에 화살촉이 박혀 있었다는 것이다. 아마 등 뒤에서 화살을 맞았을 것이다. 빙하로 덮인 산속을 이동하는 도중에 살인 사건에 휘말린 것인지, 산기슭에서 싸움을 벌이다 전사자를 산악 지대에 매장한 것인지는 불분명하다. 3천 미터가 넘는 고산에서 전투했다는 가정은 부자연스러우므로 아마도 후자의 가능성이 높다. 사인은 서로 다른 부족끼리 벌인 영역 다툼이나 식량을 둘러싼 전투에서 비롯된 것으로 추정된다.

인스브루크대학의 라이너 헨 교수 등이 당시의 의복 상태와 소지품을 연구해서 아이스맨의 복원 모형을 제작해 공개했다. 흥미로운 것은 당시 이미 완성도가 높은 가죽 신발을 신고 있었다는 사실이다. 춥고 서늘한 지역에서는 일상 생활에서 발 보호가 필수였기 때문에 신발 제조 기술이 발달했다는 것을 보여 준다. 따뜻한 지방에서는 가죽 샌들을 주로 사용했지만 추운 지역에서는 발 전체를 감싸는 신발의 형태가 발달했다. 신데렐라 서사에서도 자주 등장하는 신발은 이동할 때 가장 중요한 필수품이었음을 암시하는 듯하다.

빙하기 이후의 선사시대에 부족이 대이동하며 모종의 이유로 살인 사건이나 전투가 있었던 것은 사실이다. 이는 초기 신데렐라 서사의 기원으로 여겨지는 이야기 속에서도 확인할 수 있다.

# 신화와 전설

인류의 기원이 된 이야기들

## 고대 이집트의 「두 형제 이야기」

기원전 1200년경의 고대 이집트 파피루스에는 가장 오래된 신화 중에 하나라고 할 수 있는 「두 형제 이야기」가 기록되어 있다. 이 이야기는 사소한 불화가 살인으로까지 이어지는 카인과 아벨 형제의 일화와 유사하며 농경민과 목축민의 다툼을 바탕으로 한 것으로 보인다.

아누프와 바타라는 형제가 있었다. 형인 아누프는 농사를 짓고 동생 바타는 가축을 기르면서 형의 일을 도왔다. 바타는 결혼한 형의 집에서 함께 살고 있었다.

하루는 밭에서 일을 하던 도중, 바타가 아누프의 부탁을 받고 집에 있는 씨앗을 가지러 간다. 그런데 때마침 아누프의 아내가 목욕을 하고 있었다. 늠름한 바타를 본 그녀는 그를 유혹하기 위해 동침을 요구한다. 바타는 깜짝 놀라며 그녀의 잘못된 행동을 비난한다.

창피를 당한 아누프의 아내는 바타가 이 일을 남편에게 알리면 큰일이라는 생각에 한 가지 묘책을 낸다. 바타가 자신이 목욕을 하고 있는 모습을 훔쳐보고 강간했다고 주장한 것이다. 화가 난 아누프는 동생을 죽이려 하지만 말하는 소가 미리 충고를 해 준 덕분에 바타는 집에서 탈출한다.

그는 뒤쫓아온 아누프와 강을 사이에 두고 논쟁을 벌이다, 비로소 사실을 알리고 오해를 푼다. 동생의 이야기에 분노한 아누프는 집으로 돌아가 아내를 죽인다. 바타는 자신의 성기를 잘라 나일강에 던져 넣고 저승의 나라에서 살기로 한다.

태양신 라는 바타를 안쓰럽게 여겨 자신의 딸과 결혼시킨다. 그런데 태양신의 딸이 너무 아름다워서 파라오의 눈에 들었고 바타의 아내는 결국 남편을 배신한다. 바타는 아내에게 복수를 하려 하지만 반대로 파라오의 군대에 의해 죽음을 맞이한다. 아누프는 바타를 살려 내기 위해 그의 심장을 찾으러 나서고, 고생을 거듭한 끝에 바타를 살려 낸다. 바타는 소의 모습으로 변해 자신을 배신한 아내를 죽이고 스스로 파라오가 되어 30년간 통치한다. 바타가 죽은 후에는 아누프가 왕위를 계승한다.

－오자와 도시오, 『세계의 민화 7, 아프리카』 중에서

「두 형제 이야기」는 고대 이집트의 창세 신화를 바탕으로 한다. 이 이야기에서는 형제간 불화에 집중하고 있다. 아누프의 아내를 둘러싸고 오해가 생기며 신변의 위협을 느낀 목축민 바타는 집에서 탈출한다. 불화를 발단으로 그는 잠시 저승으로 들어갔다가 아누프의 도움으로 부활한다. 그후 자신을 배신한 아내에게 복수를 하고 파라오가 되어 사회의 정점에 오르는 해피엔딩으로 끝난다. 이 이야기는 동화보다 신화에 가깝지만 어쩐지 신데렐라 서사와 유사하게 느껴진다.

아누프의 아내가 남편의 동생과 불륜을 저지르려는 근친상간 망상은 형제간 불화와 살인으로까지 이어지며 바타가 피신하게 된 원인이 되고 있다. 그 배경에는 농경민(아누프)과 목축민(바타) 사이의 운명적인 갈등이 내포되어 있다.

『아라비안 나이트』의
「고집쟁이 소년과 작은 발을 가진 여동생」

「고집쟁이 소년과 작은 발을 가진 여동생」은 『아라비안 나이트』에 수록된 것으로 보아 아랍 지역의 민화일 가능성이 높다. 여기에서는 남매가 주인공인데, 소년이 일으킨 사건에 휘말려 두 사람은 도망칠 수 밖에 없는 상황에 처한다. 그 과정 속에 신데렐라 서사가 녹아 있다.

옛날에 경건하고 착한 남자가 살고 있었다. 그와 아내 사이에는 아들과 딸이 있었는데 아들은 고집스러운 성격을, 딸은 상냥한 마음과 작은 발을 가지고 있었다. 그런데 남자는 죽기 직전에 아내에게 이렇게 부탁한다.

"부디 아들을 막지 말고, 무슨 일이 있어도 아이가 하고 싶은 것을 마음껏 하게 해 주시오."

아내는 울면서 그러겠다고 약속한다. 그리고 얼마 지나지 않아 아내도 죽음을 앞두고 딸을 곁으로 부른다.

"딸아, 잘 들으렴. 나는 돌아가신 너의 아버지께 절대로 네 오빠의 심기를 건드리지 않겠다고 맹세했단다."

딸 역시 그러겠다고 약속한다. 어머니의 장례를 치르고 나자 이번에는 고집쟁이 소년이 동생에게 선언한다.

"지금 당장 우리 집에 있는 가구나 곡물, 새끼 양, 물소 같은 것들, 그러니까 아버지가 남겨 주신 것을 몽땅 태워 버리고 싶어."

소녀는 이 말을 듣고 놀라지만 소년은 자신의 뜻을 완강하게 밀어붙인다. 결국 소년은 아버지가 물려준 재산을 집 안에 모아 불을 붙였는데 주변의 모든 것이 불타 버렸다. 이를 본 이웃 사람들이 화가 나서 남매를 쫓아가 죽이려 한다. 소녀는 겁에 질려 소리쳤다.

"오빠가 무슨 짓을 했는지 알겠어? 어서 도망가야 돼!"

그들은 하루 밤낮을 꼬박 달려, 농부들이 곡물을 수확하고 있는 어느 농장에 도착한다. 남매가 일자리를 달라고 하자 그 붙임성 있는 모습에 농부들은 남매를 받아들인다. 그러나 며칠 후 소년은 지주의 세 자녀와 장난을 치다가 곡식을 터는 장대로 아이들을 때려 죽이고 만다. 소녀가 그 광경을 보고 놀라며 소년을 데리고 농장에서 탈출한다.

머지않아 지주는 아이들의 시체를 발견했고 남매가 보이지 않자 자초지종을 깨닫는다. 사람들은 화살과 곤봉을 들고 남매를 뒤쫓는다. 남매는 필사적으로 도망쳤고, 밤이 되어 높은 나무 위에 올라가서 아침을 기다리기로 한다. 다음 날 두 사람이 깨어나서 아래를 보니 남매를 쫓던 사람들이 나무 밑에서 세상 모르고 잠들어 있었다. 소녀는 그들을 내버려 두고 조용히 지나가려고 하는데 소년은 나무 위에서 사람들을 향해 용변을 본다. 그 바람에 자고 있던 사람들이 깨어나 씩씩거리며 활을 쏘았지만 나무가 높아서 닿지 않았다. 그들은 더 이상 참지 못하고 나무를 베어 넘어뜨린다. 그때 커다랗고 검은 새가 한 마리 날아와 남매를 발톱으로 붙들고 채어 간다.

소년이 새의 엉덩이를 간지럽히자 새는 남매를 놓치고 만다. 바다로 떨어진 그들은 헤엄쳐서 간신히 물가에 닿을 수 있었다. 그곳은 끝없이 어둠이 펼쳐진 '어둠의 나라'였다. 남매는 주변을 더듬거려서 조약돌 두 개를 찾은 뒤 불꽃을 내어 마른 나무에 불을 붙인다. 그 순간, 낮게 우는 소리가 들리더니 식인귀가 다가온다. 소녀는 겁에 질려 기절하지만 소년은 맞서 싸워 식인귀를 쓰러뜨린다. 그러자 태양이 내리쬐기 시작하고 어둠의 나라는 밝아진다.

어둠의 나라를 다스리던 왕은 햇빛이 들자 무서운 식인귀가 죽었다는 것을 깨닫는다. 그는 식인귀를 무찌른 용사를 찾기 위해 호위 기사를 거느리고 나서다가 식인귀의 시체를 발견한다. 그 옆에는 작은 샌들 한 짝이 있었다. 그때 간신히 정신을 차린 소녀가 달려와 왕에게 목숨을 구해 달라고 청한다. 소녀는 샌들을 한 짝만 신고 있었고 왕은 남은 한 짝이 그녀의 것임을 확신한다.

왕은 소녀를 끌어안으며 그녀가 식인귀를 죽였는지 묻는다. 소녀는 자신이 아니라 오빠가 죽인 것이라고 대답한다. 곧 소년이 나타났고 왕은 용사의 등장에 기뻐하며 소년과 자신의 딸을 결혼시킨다. 소녀는 왕과 결혼하여 왕비가 된다. 이렇게 모두 즐겁게 살았고 왕국은 번영했다.

－도요시마 요시오 외, 『완역 천일야화 12』 중에서


남매가 탈출한 이유는 역병이 발생했거나 인근 주민들과 말다툼을 벌이는 등 당시 사회의 운명적인 사건에서 비롯된 것으로 추정된다. 도망가는 과정에서 어려움과 맞닥뜨렸을 때 소년은 난동을 부리고 소녀는 허둥대지만 두 사람은 어떻게든 곤경에서 벗어난다. 이 부분을 신데렐라 서사에 대입한다면 계모가 주인공에게 시련을 주는 장면에 해당한다. 거대한 새가 출현하거나 식인귀를 퇴치할 수 있었던 것은 서사 속에 숨어 있던 마력 덕분이었다.

결말 부분의 신발 모티프, 그리고 소년은 공주와, 소녀는 왕과 결혼한다는 해피엔딩은 신데렐라 서사의 기본 구조에 해당한다. 아마도 왕국이 성립된 과정을 담은 신화에 신데렐라 서사가 결합된 것이라고 추측된다.

조력자의 출현과 결혼, 해피엔딩에 이르는 신데렐라 서사는 인류의 오랜 꿈이었다. 약속의 땅을 찾아 떠나는 소망이 담긴 「고집쟁이 소년과 작은 발을 가진 여동생」의 이야기는 신데렐라 서사와 만나 오늘날까지 이어져 온 것이다.


## 롬의 「대홍수 전설」과 「고아」

롬은 일찍이 잘못된 인식 때문에 '이집트에서 온 무리'라는 뜻으로 '집시'라고 불리며 차별당해 왔다. 롬의 실제 출신지는 인도 북서부의 펀자브 지방이라고 하는데, 이들의 언어가 인도·아리아어에서 유래했다는 연구를 근거로 거의 확실해진 사실이다.

롬은 북쪽의 카라코람 산맥과 동쪽의 히말라야 산맥을 피해 서쪽으로 이동하며, 인도를 등지고 페르시아를 거쳐 8세기경에 아르메니아와 시리아를 통과했다. 한편으로는 터키를 경유하여 14세기 초에 그리스에 오래 체류하다가 15세기에는 독일과 프랑스 등 서유럽으로 유입되었다. 흑해 주변에서 북쪽으로 돌아 동유럽으로 이동한 집단도 많았다. 이들 중 일부는 아프리카의 지중해 지방에서 서쪽으로 나아가 스페인으로 건너가기도

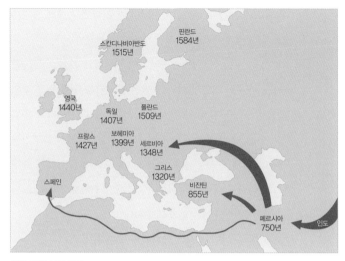

롬의 유럽 이동 경로

했다.

　이들이 방랑한 일대기는 신데렐라 서사의 전파 과정과 관련이 깊다. 헝가리의 민속학자 하인리히 폰 블리슬로키가 수집한 『집시의 전설과 동화』라는 이야기가 있는데, 그중에서 두 가지 이야기를 다루고자 한다. 첫 번째는 「대홍수 전설」이다.

　　인간이 풍요로운 먹을거리로 가득한 낙원에서 영원히 죽지 않고 즐겁게 살던 시절이 있었다. 어느 부부의 집에 노인이 찾아와 묵게 해 달라고 부탁한다. 노인은 융숭한 대접을 받고 그 답례로 부부에게 항아리 속에 든 작은 물고기를 건넨다. 그리고 이렇게 말한다.

"이 물고기를 곁에 두었다가 아흐레가 지나면 저에게 돌려주세요. 그렇게 하면 당신들에게 답례를 하겠습니다."

하지만 아내는 노인이 아끼던 작은 물고기를 구워 먹고 싶었다. 남편은 노인과의 약속이니 물고기를 소중히 하라고 일렀지만, 다음 날 아내는 결국 참지 못하고 항아리에서 물고기를 꺼내 숯 위에 올려놓는다. 그러자 그 순간 천둥소리가 울려 퍼지고 아내는 벼락을 맞아 죽는다. 거기에서 그치지 않고 뇌우가 쏟아지며 낙원은 물바다가 된다.

아흐레 뒤, 노인이 나타나 남편에게 말한다.

"당신은 약속을 지키고 물고기를 죽이지 않았군요. 재혼을 해서 새 아내를 맞이하고 친척들과 함께 피난할 작은 배를 만들어야 합니다."

그로부터 1년 동안 비가 쏟아졌고 그들은 대홍수 속에서 살아남을 수 있었다. 그러나 낙원은 사라졌고, 이후 인간은 스스로 밭을 갈며 일해야 했다.

　　　　　　－하인리히 폰 블리슬로키, 『집시의 전설과 메르헨』 중에서

　성경에 나오는 노아의 방주 이야기는 다른 나라의 신화에서도 쉽게 찾아볼 수 있다. 대표적으로 인도의 대홍수 전설로 꼽히는 「마누 신화」가 있다. 여기서도 비슈누 신이 깃든 작은 물고기가 등장해 홍수를 예언한다. 이 물고기의 모티프는 중국의

「예시엔」, 베트남의 「떰과 깜」, 미얀마의 「우기의 기원」 등 동남아시아의 신데렐라 서사에서도 찾아볼 수 있으며 일종의 조력자 역할을 했다. 롬의 「대홍수 전설」도 그 계보에 속한다. 그들은 방랑을 거듭하면서도 자신들의 전통 문화를 소중히 여긴 덕분에 계속해서 이 전설을 전할 수 있었다.

롬은 이주 과정에서 유럽의 동화를 전해 듣고 자신들의 이야기에 흡수시켰다. 그렇다면 신데렐라 서사는 어떨까? 롬의 동화집에 수록되어 있는 「고아」라는 이야기를 소개하고자 한다.

아름다운 소녀가 계모와 함께 살고 있었다. 계모는 자신의 자식이 아니라는 이유로 소녀에게 가혹하게 대한다. 심지어 소녀에게 살해당하는 꿈까지 꾸면서 계모의 정신은 급속도로 피폐해져 간다. 점점 집착적으로 소녀를 학대하면서 죽일 생각까지 하지만 발각됐을 때 받을 형벌이 두려웠다. 그렇다고 이대로 함께 살 수는 없다고 판단한 계모는 소녀의 두 눈을 도려내고 집에서 쫓아내 버린다. 이웃들이 비난하자 계모는 눈이 먼 자식은 못 키우겠다고 되레 큰소리친다.

쫓겨난 소녀는 구걸하며 오랫동안 방황하다가, 어느 날 마음씨 착한 요정을 만난다. 요정은 그녀를 불쌍히 여겨 마법의 물을 건넨다. 소녀가 물을 눈에 바르자 신기하게도 금방 눈이 뜨였다. 그녀는 계속 길을 걷다가 풀밭에서 꿀벌을 만난다. 꿀벌은 앞이 보이지 않아 울고 있었고 소녀는 마법의 물을 눈에 부어 준다. 같은 방법으로 호숫가에서 눈이 먼 물고기와 비둘기도 소녀의 도움을 받는다.

소녀는 호숫가의 갑부 안주인에게 고용되어 가사일을 하게 된다. 오랫동안 평온한 나날이 이어졌지만, 어느 날 안주인이 새 요리사를 고용하면서 평화가 깨진다. 그 사람은 바로 소녀를 괴롭힌 계모였다. 계모는 소녀가 그간의 일을 말하지 못하게 하기 위해 생트집을 잡아 괴롭혔지만 소녀는 자신이 도와준 꿀벌과 비둘기 덕분에 무사히 극복한다.

안주인이 그 소식을 듣고 소녀의 능력을 시험해 보기 위해 수년 전 호수에서 잃어버린 반지를 찾아오라고 이른다. 이번에는 소녀가 구해 준 물고기가 그 반지를 가져다 준다. 안주인은 기뻐하며 소녀의 능력을 인정한다. 이후 그녀는 계모가 소녀를 학대했다는 사실을 듣고 나쁜 계모를 죽인 뒤 소녀를 양녀로 삼는다.

—하인리히 폰 블리슬로키, 『집시의 전설과 메르헨』 중에서

이처럼 소녀는 계모에게 학대를 당하지만 요정의 도움으로 이겨 내고, 반지를 찾아 갑부 안주인의 양녀가 될 수 있었다. 그런데 신데렐라 서사의 기본 구조 중 가장 중요한 왕자와의 결혼은 빠져 있다. 왜 그럴까?

롬의 규칙상, 결혼은 반드시 롬끼리 해야 했다. 여기에서는 주인공 소녀가 롬이기 때문에 만약 소녀가 롬이 아닌 사람과 결혼했다면 처벌을 받아야 한다. 아무리 동화라고 해도 롬 이외의 신분이 높은 남성과 결혼을 소망하는 것은 상상할 수 없는 일이었다. 그 대신 소녀는 부잣집 양녀가 되며 행복한 결말을 맞이한다.

인도에도 대홍수 전설이 존재한다. 마누에게 도움을 받은 물고기가 은혜를 갚기 위해 대홍수를 예언하고 마누와 일곱 사제들을 구해 냈다는 내용이다. 그 후 신이 마누에게 여인을 내려 주어 자손을 낳았고 그들은 인류의 조상이 되었다. 이 전설은 롬의 「대홍수 전설」을 비롯해 물고기 숭배를 나타낸 여러 신데렐라 서사와 공통점을 지닌다.

작자 미상, 「7명의 사제와 마누를 대홍수에서 구해 주는 물고기」, 연도 미상

이들은 자신들의 전통을 지키면서 인도의 신화와 유럽의 동화를 혼합한 롬만의 독자적인 이야기를 만들어 냈다. 주인공이 다른 신분의 인물과 맺어지는 「두 형제 이야기」나 「고집쟁이 소년과 작은 발을 가진 여동생」과는 확연한 차이를 보인다.

# 고대의 결혼 제도와
# 여성의 역할

## 인류의 가장 큰 문제, 결혼

롬의 독자적인 신데렐라 서사를 제외하면, 주인공은 대부분 최고 권력가와 결혼하여 행복하게 산다. 여기에서 결혼은 남성과 여성의 결합을 넘어 '해피엔딩'이라는 불변의 의미를 지닌다. 다른 일을 하고도 충분히 행복할 수 있을 텐데, 왜 주인공들의 결말은 반드시 결혼이어야 했을까? 현대에도 그렇지만 역사가 시작되었을 때부터 인류의 가장 큰 고민거리였던 것이 바로 '결혼'이었기 때문이다. 특히 한 곳에 머무르지 못하고 계속 이동해야 했던 고대 인류에게 배우자를 고르는 일은 보통 큰 문제가 아니었다.

고대의 결혼은 부족 안에서 이루어지는 내혼제 형태와 결혼 상대를 부족 밖에서 구하는 외혼제 형태가 있었다. 전자의 경우 가장 극단적인 예시는 근친혼이었다. 문화인류학자들에 따르면 근친상간금제, 즉 '인세스트 터부'는 선사시대부터 널리 존재했던 것으로 여겨진다. 더욱이 유인원과 동물 세계에서도 근친상간 금기가 존재하므로 인류에게도 지켜야만 하는 불문율이었을 것이다.

이를 근거로 레비 스트로스는 과거 인류가 부족 간의 '호혜적 관계'를 위해 근친상간을 금지하며 외혼제를 실행했다고 말한다. 인류는 사회적으로 더 발전하기 위해 친족 간의 간음을 금기시하고 여성을 다른 부족과의 교환 자원으로 삼았다. 즉 여성이 같은 부족의 남성과 혼인하게 되면 타부족과 관계성을 구축하기 어렵기 때문에 인세스트 터부를 마련했다는 것이다.

그가 지적한 것처럼 여성은 증여의 대상으로 해석된다. 젠더론에서는 비판받는 시각이지만 외혼제를 생각할 때 피할 수 없는 문제이기도 하다. 어느 부족이 다른 부족 또는 이민족과 접촉할 경우 여성을 증여하고 또 증여받는 관계가 성립되면 서로 우호적인 관계를 구축할 수 있었다. 이는 단순히 혼인뿐만 아니라 물건을 주고받을 때도 해당하며 문화 교류에도 크게 기여한다.

고대 인류가 새로운 세상을 찾아 대이동을 하게 된 이유에는 식량 획득뿐만 아니라 새로운 반려자를 찾기 위한 목적도 있었을 것이다. 그런 의미에서 인세스트 터부는 훨씬 합리적이면서 부족의 발전을 기대할 수 있는 방법이었다.

### 사비니족 여성을 납치한 로마

그런데 풍속이나 관습이 다른 타 부족, 타민족과의 외혼제가 반드시 성립되리라고는 단언할 수 없다. 상황에 따라서는 여성을 약탈하거나 강간하여 전쟁으로 번지는 경우도 있었다. 역사서

로마인과 사비니족의 사이에서 중재하고 있는 여인들. 로마인들이 강제로 사비니족
여인들을 납치해서 전쟁이 벌어졌지만 아이러니하게도 그 덕분에 더 큰 피해를 막을 수
있었다. 외혼제의 대표적인 성공 사례라고 할 수 있다.

자크 루이 다비드, 「사비니 여인의 중재」, 1799

에서도 언급되는 고대 로마의 건국신화(기원전 6세기)에서 로마인과 사비니족의 전쟁이 당시의 결혼 실태를 잘 보여 준다.

고대 로마에는 여성이 남성에 비해 그 수가 적었다. 초대 왕 로물루스는 이 문제를 해결하고자 연회를 연다는 명목으로 로마 북동부에 살던 사비니족을 초대했다. 그리고는 몰래 책략을 써서 그들을 습격했고 함께 온 여성들을 유괴해 결혼하지 않은 로마인 남성의 아내로 맞았다. 복수심에 불타오른 사비니족은 로마군을 습격하지만 네 번이나 전투를 벌여도 결판이 나지 않았다. 그런데 전투가 벌어지는 와중에 로마인의 아내이자 사비니족 출신의 여인들이 두 군대 사이에 끼어들어 말린다. 결국 그들은 아내들의 중재로 화해할 수 있었다.

이웃 부족과의 관계가 우호적이었다면 로마인들의 결혼에는 문제가 없었을 것이다. 그러나 건국 당시의 로마는 세력을 확장하려 했기 때문에 이웃 부족과 전쟁을 불사할 수밖에 없었다. 결국 대화가 아닌 큰 위험을 동반한 계략을 쓴 탓에 사비니족의 격렬한 분노를 사서 전쟁이 벌어졌다. 그런데 아이러니하게도 갈등의 원인이었던 외혼제 덕분에 더 큰 전쟁을 막을 수 있었다. 이러한 외혼제의 성공 사례들은 결혼한 여성의 힘이 얼마나 컸는지를 잘 보여 준다. 이렇듯 신데렐라 서사는 고대 인류가 이동하는 과정에서 중요한 문제였던 부족 외 여성과의 결혼을 바탕으로 사람들 사이에서 회자되고 전파되었다고 할 수 있다. 외혼제는 일족 자손의 번영을 좌우할 뿐만 아니라 사회 시스템을 구축하는 근간이나 다름없었다.

# 닮아도 너무 닮은
# 두 신화

## 고대 그리스의 데메테르와 일본의 아마테라스

지금까지 전 세계에 숨어 있던 신데렐라 서사들을 살펴보았다. 그 과정에서 이야기끼리 서로 겹치는 부분도 상당했고 영향 관계가 분명히 드러나는 부분도 보였다. 민족의 기원이 되는 신화에서도 비슷한 흐름을 확인할 수 있었는데, 이렇듯 문화 교류의 역사를 고스란히 품고 있는 흥미로운 두 신화가 있다. 고대 그리스의 데메테르 신화와 일본 신화다.

그리스와 일본은 서로 멀리 떨어져 있음에도 불구하고 신화의 구조가 굉장히 비슷하다. 먼저 그리스 신화 속 여신 데메테르와 그녀의 딸 페르세포네의 이야기부터 살펴보자.

데메테르는 곡물을 풍요롭게 하는 대지의 여신이다. 그녀는 제우스와의 사이에서 태어난 딸 페르세포네가 행방불명되어 필사적으로 찾고 있었다. 이때 여신은 문득 위험을 감지하고 암말로 변신했는데 오빠인 하데스가 수말로 변신해 그녀를 범한다. 화가 난 데메테르는 동굴(저승)로 도망친다. 그러자 대지는 곡

아마테라스를 동굴 밖으로 유인하기 위해 춤을 추고 있는 무녀. 그리스 신화에서
데메테르가 괴상한 춤에 못 이겨 동굴에서 나오는 장면과 비슷하다. 이러한 신화의 유사성
역시 문화 교류를 통해 신화와 민화가 전파되면서 서로 영향을 주고받았다는 사실을
증명하고 있는 것은 아닐까?

작자 미상, 「아마노이와토 동굴」, 1880~1910

물을 생산하지 못하고 흉년이 들어 사람들이 굶주리게 된다. 난처해진 제우스는 운명의 여신 모이라를 보내 괴상한 춤으로 데메테르를 동굴에서 유인해 낸다. 그제서야 데메테르는 딸 페르세포네와 하데스의 결혼 소식을 듣는다.

이 이야기를 일본 신화와 비교해 보면 매우 흥미롭다. 그리스에 데메테르가 있다면 일본 신화에는 아마테라스가 있다. 태양신이자 직물을 총괄하는 여신이다. 아마테라스가 시녀와 하늘의 천을 짜고 있을 때 동생 스사노오가 가죽을 벗긴 말을 베틀에 던져 넣었고 그 때문에 시녀가 놀라 북*에 음부가 찔려 죽었다. 이에 화가 난 아마테라스는 아마노이와토라는 동굴에 숨어 버린다. 그러자 세계가 어두워졌고 난감해진 신들은 무녀 아메노우즈메에게 헐벗고 춤을 추게 한다. 아마테라스는 밖이 소란스럽자 궁금증을 참지 못하고 동굴 입구를 살짝 열었는데, 때마침 기다리고 있던 괴력의 신 타지카라오가 입구를 활짝 열었다.

베를 짜던 시녀가 음부를 찔려 죽었다는 것은 스사노오의 강간 행위를 은유적으로 말해 주고 있다. 스사노오가 강간한 사람이 시녀가 아니라 아마테라스라는 이야기도 있다. 그렇게 되면 화가 난 아마테라스가 동굴에 숨는 동기가 더욱 명확해지고 결국 태양신이 저승의 세계로 내려간 탓에 세상이 어두워졌다고 해석할 수 있다. 이는 그리스 신화에서 하데스가 데메테르를 범했다는 이야기와 거의 비슷하다.

이런 놀라운 유사성은 일본의 신화학자 요시다 아쓰히코가

---

* 베틀에서 옷감을 짤 때 쓰는 기구. 양 옆으로 움직이며 실 사이를 꿰는 역할을 한다.

그리스와 스키타이, 기마 유목민, 일본과의 관계에서 지적한 바 있다.

일본의 고분 시대에 해당하는 4~7세기 무렵, 한반도에는 고구려와 백제, 신라라는 세 개의 나라가 번영하고 있었다. 이 가운데 고구려와 백제는 스키타이 문화의 영향을 강하게 받은 기마 유목민들이 중국 동북부로부터 한반도로 들어와 세운 나라였다. 즉, 일본의 『일본서기』나 『고사기』에 신화가 쓰이기 바로 전 시대에 한반도는 스키타이 문화의 영향을 받은 것이다. 그런데 스키타이인은 흑해안에 있던 그리스인 마을에서 그리스 물품을 많이 샀고 그리스 문화의 영향을 많이 받은 것으로 알려졌다. 스키타이의 왕들이 특히 좋아하던 그리스 물품 중에는 그리스 신화의 유명한 이야기나 신 등이 그려진 물건이 많았다. 이 사실은 왕들의 무덤에서 발굴되는 출토품으로 잘 알려져 있다.

고분 시대에 일본은 한반도와의 유대가 유난히 깊었고 백제의 왕가와 일본의 황실과는 거의 친척과 다름없을 정도로 가깝게 지냈다. 이 때문에 당시 문화가 일본보다 앞서 있던 한반도에서 새로운 지식과 기술을 가진 사람들이 일본으로 이주해 들어와 일본 조정으로부터 인정을 받으며 활약하고 있었다. ……

이러한 관계로 볼 때, 한반도로부터 스키타이인들의 문화적 영향과 함께 그리스 신화의 영향이 일본에 전해진 것이 아닌가 생각된다. 그렇게 생각해 보면 그리스 신화 속에서 일본 신화와 비슷한 이야기가 여럿 발견되더라도 이상한 일이 아니다.

　　　　　　　　　　　－요시다 아쓰히코 외, 『일본의 신화 전설』 중에서


　이처럼 세계 각지의 신화에서도 공통된 부분이 많이 발견되며, 그 이유는 역시 문화의 전파 때문이라고 여겨진다. 요시다 아쓰히코는 그리스 신화가 유라시아 대륙을 거쳐 간접적으로 일본에 전파되면서 변화했다고 해석한다. 이로써 데메테르와 아마테라스의 동굴 은신 모티프에 대한 비밀이 분명하게 밝혀졌다.

3.
숨은 조력자,
미디어

# 구전의 방식

이야기꾼과 기록에 관하여

## 누가 이야기를 이어 왔을까

인류의 역사와 문화는 대부분 구전으로 이어져 왔다. 이른바 구전의 시대다. 과거에는 문자가 없었던 시절이 있었고, 설사 문자가 있더라도 일부 지배자들의 전유물이었다. 일반 민중은 대부분 글자를 읽고 쓸 수 없었다. 물론 예외적으로 신데렐라 서사의 기원에 해당하는 민화가 기록된 경우도 드물게 존재한다. 그러나 기록 문화가 정착한 것은 한참 후인 1439년 구텐베르크가 금속 활자를 발명하면서부터다.

구전과 기록은 그 특징이 다르기 때문에 두 가지 방식을 단순화한 뒤 분리해서 고찰할 때는 신중할 필요가 있다. 이들은 서로 밀접하게 연관되어 있으며 특히 문자가 일반적으로 보급된 근대 이후에 깊은 상관관계를 가진다. 구전되던 것이 기록되어 이어지기도 하는 한편 기록으로 남은 이야기가 다시 구전되는 일이 빈번히 일어났기 때문이다.

신데렐라 서사의 기원을 거슬러 올라갈 때, 또 하나 생각해볼 점이 있다. 동화의 기원에 대해서 학자들 간에 여러 설이 있지만 구전의 전래 동화나 민화에서 비롯되었다고 보는 것이 일반적이다. 그림 형제처럼 신화에서 찾는 경우도 있다. 신화의 일부분이 동화로 각색된 것도 있기 때문에 신화적 요소를 기반으로 한 동화도 존재한다. 이런 것들을 염두에 두면서 먼저 구전의 특징을 살펴보자.

많은 고대 왕조가 지배의 정당성을 신화에서 찾았고, 권위를 세우기 위해 신화를 만들었다. 이때 신화와 장편 서사시 등 복잡한 이야기를 전문적으로 전달할 사람이 필요해졌고 그렇게 '이야기꾼'이라는 관직이 탄생했다. 역사적으로는 고대 그리스의 서사 시인 호메로스의 방대한 이야기를 암기한 이야기꾼이 가장 유명하다. 세월이 흘러 중세시대에도 비슷한 방식으로 이야기가 전파되었다. 당대 인기가 높았던 영웅들의 서사시 역시 전문적인 이야기꾼 집단인 음유 시인이 맡았다. '트루바두르'라고 불리던 이들은 궁정을 여기저기 옮겨 다니며 왕후와 귀족들이 좋아하는 노랫말과 기사도 무용담 등을 읊었다. 이 서사들은 시간이 지날수록 각색이 더해져 장편 소설로 발전하기도 했다. 크리스트교 또한 성경에서 유래한 종교적 메시지를 중심으로 신의 위대함을 상징하는 기적과 전설들을 민중에게 전파했다.

그러나 사실 민중은 지배자들과 달리 신화나 서사시, 영웅들의 무용담, 종교적 메시지를 담은 설화들을 그다지 원하지 않았다. 당시에는 신분과 직업에 따라 관심사가 달랐는데 민중 사이에서는 전래 동화와 민화, 우화, 에로틱한 이야기 등 세속적이고 오락적인 주제가 인기였다. 보편적으로 많은 이의 마음을 사로잡은 이야기는 바로 민중의 소망이 실현되는 이야기, 이른바 환상동화였다. 신데렐라 서사 역시 그중 하나였으며 입에서 입으로 세대를 거쳐 전달되며 더욱 큰 인기를 얻었다. 결국 신데렐라 서사는 트루바두르와 민중이 전한 민화 및 전래 동화를 기반으로 했다고 할 수 있다.

이 시대의 이야기꾼은 대부분 젊은 남성이었다. 이야기를 퍼뜨리려면 가정이라는 닫힌 공간보다는 바깥 활동이 중요했다. 때문에 사회적으로 여성보다 이동이 자유로웠던 젊은 남성들이 주도적으로 이야기꾼 역할을 했다. 이들은 모임, 주점 등에서 재미있고 여운이 남는 감동적인 이야기를 전했다.

중세부터 19세기에 걸쳐 유럽의 농촌 마을에는 '실뜨기 방'이 있었는데 이곳에서 겨울 밤에 여성들이 모여 함께 실뜨기 작업을 했다. 젊은 청년들도 함께 모여 민요를 부르고 민담과 세간의 이야기로 꽃을 피웠다. 화술이 뛰어난 남성은 인기가 높았다. 이때 사랑 이야기에 관심이 있어서 들렀다가 서로 눈이 맞아 부부의 연을 맺는 경우도 많았다. 하층민 사이에서 '멋진 왕자와 결혼하는 신데렐라'라는 꿈 같은 이야기가 인기 있는 이유였다.

뿐만 아니라 당대 유럽의 장인들은 이곳저곳 돌아다니면서 수행하는 것이 의무였다. 기록에 따르면 장인을 꿈꾸는 청년들은 14세기경에 2~3년간, 16세기경에는 수년간 스승 밑에서 수업을 받아야 했다. 그들은 산과 들, 심지어 국경 너머까지 광범

데카메론을 이야기하는 어느 청년. 중세 유럽에는 남성 이야기꾼이 많았고 이야기를
재미있게 잘 전달하는 사람은 인기를 한몸에 얻었다.

살바토레 포스틸리오네, 「데카메론의 내레이션 장면」, 1906

위하게 이동하며 여러 스승의 집에서 함께 살았다. 만일 그중 다채로운 만담을 좋아하는 사람이 있었다면 자신이 알고 있는 이야기를 동료들에게 들려주었을 것이다.

그후 19세기에 들어서면서 유럽인들은 자녀 교육에 관심을 쏟았다. 구전 민화가 동화화되면서 노골적인 성적 표현을 배제하고, 순화되었거나 교훈을 주는 이야기가 어린이를 위한 동화로 만들어졌다. 그렇게 탄생한 동화책을 가정에서 중산층 부모들이 아이들에게 읽어주고 할머니와 어머니가 이야기꾼이 되는 과정이 정착되었다. 겨울철에는 따뜻한 벽난로 옆이 이야기를 하기에 제격인 장소가 되었고, '벽난로 옆 이야기Erzählungen Am Kamin'라는 말이 탄생했을 정도로 가정 안에서 이야기가 꾸준히 구전되었다.

## 구전되며 변한 이야기들

이야기꾼과 청자는 일반적으로 서로 친밀하거나 안면이 있는 경우가 많았다. 민화와 동화는 문맹률이 높았던 근대 이전부터 입에서 입으로 전해지며, 마을 공동체와 가정 안에서 일종의 소통 수단이 되었다. 말로 전달된 것은 기억이 왜곡되거나 잊혀지는 순간 사라져 버리기 때문에 이야기를 기억하기 쉽도록 반복되는 리듬을 만들고 전개 방식을 형식화하는 것이 중요했다. 그렇게 세대를 거치며 구전되다 보면 결국 이야기의 뼈대를 중심으로 구성이 단순해질 수밖에 없었다.

전래 동화는 보통 시작할 때 불특정한 시대와 장소를 언급한다. 흔히 쓰이는 '옛날 옛적에…'라는 표현은 '언제, 어디서 일어났는지 모르는 까마득한 옛날 이야기'임을 강조하며, 오랜 시간 많은 이의 입을 거쳐 내려왔다는 증표가 된다. 재미있는 사실은 세계 어느 문화권, 어느 지역이든 이러한 시작 문구만은 비슷하게 등장한다는 것이다. 일단 사람들의 주의를 끌며 이야기를 시작했다면 그 다음으로 중요한 것은 흥미로운 전개다. 청자의 흥미를 유발하기 위해 이야기성, 즉 플롯이 점차 강조되었다. 그렇게 탄생한 '기승전결'의 구조는 말하는 이에게나 듣는 이에게나 기억하기에 쉬웠다.

신데렐라 서사도 기승전결 구조로 되어 있다. 상냥하고 아름다운 주인공 앞에 아버지의 재혼으로 인해 계모가 나타나며 (기), 주인공은 사악한 계모의 학대를 견디고(승), 조력자 덕분에 왕자와 만나(전), 결혼해서 행복하게 산다(결). 이런 단순화된 플롯은 누구나 쉽게 이해할 수 있었고 모두가 바라는 해피엔딩이었기 때문에 인기가 많았다. 이때 이야기꾼은 선과 악, 아름다움과 추함, 행복과 불행 등의 대비되는 개념을 유독 강조했다. 레비 스트로스는 이러한 플롯의 장치를 '이항 대립'이라고 표현했고 단순화된 대립 구조는 민화의 특징으로 자리매김했다.

또한 신데렐라 서사뿐만 아니라 동화의 전개에도 '반복의 원칙'이 자주 쓰인다. 예를 들어 그림 형제의 「재투성이」에는 반복되는 장면이 많다. 무도회가 세 번 개최되고, 주인공이 성으로 향하는 장면이 세 번이나 있다. 반복되는 이야기를 글로 읽는다면 지루하겠지만, 말로 전해 듣는다면 형태가 남지 않고 금방 사라지는 음성 언어의 특성상 지루한 느낌이 훨씬 덜하게 된다. 이렇게 구전을 위한 이야기 구조가 형성되었다. 세계로 전파된 신데렐라 서사에는 결과적으로 사람들이 덜 지루해하고 흥미를 돋울 수 있도록 엄선된 장치가 씌워져 있는 것이다.

이야기 도중에 사람들이 친숙하게 느낄 법한 장면을 넣기도 했다. 주로 가축을 돌보거나, 실뜨기를 하거나, 밤을 줍는 일 등, 실생활 속 일화들을 섞어 변형시키는 경우가 많았다. 또한 감정을 이입해서 전달하기 위해 표준어뿐 아니라 방언이나 비속어 등 이른바 민중의 언어를 사용하기도 했다. 이렇듯 입에서 입으로 이야기를 전하는 방식은 닮은 듯 다른 이야기를 낳는 원인이 되었다.

일본의 신데렐라 서사를 예시로 들자면, 「누카후쿠와 고메후쿠」는 동일본에 분포되어 있었지만 서일본에서 규슈에 걸쳐서는 예로부터 「사라사라야마」라는 이야기가 널리 퍼져 있었다. 계모, 의붓자매와 함께 살던 소녀가 강에서 접시를 닦고 있었다. 그때 영주가 지나가며 노래로 묻기에 노래로 대답했다. 절묘한 답가에 감탄한 영주는 그녀를 신부로 삼기 위해 집에 하인을 보냈는데 계모는 소녀 대신 자신의 친딸을 성으로 보낸다. 그러나 노래 솜씨가 형편이 없어 곧 들통이 났고 소녀가 성으로 들어가 영주의 부인이 되는 이야기다.

이것은 서양의 신데렐라 서사가 유입되기 전에 이미 일본에 있던 이야기를 개편한 것인데, 신발 대신 노랫말和歌을 짓는 재능이 '결혼에 의한 신분 상승'의 결정적 수단이 된다. 대륙에서는 구두가 결혼과 깊은 연관이 있지만 일본의 귀족 계급에서는 헤이안 시대부터 가사를 잘 짓는 소양이 결혼의 조건이었다. 그리고 무사 시대에는 영주가 최고 권력자였기 때문에 결혼을 통한 신분 상승이 성립되었던 것이다.

　구전으로 파생된 이야기들은 큰 골격은 남기면서 각 나라와 지역의 문화에 맞추어 개편되며 신데렐라 서사의 인기를 이어 갔다. 빠르게 수정되고 퍼지는 언어의 특성상 특정 지역과 세계관에 맞추어 변형하기 훨씬 쉬웠는데 이때 인류 문화에 깊숙이 파고든 종교의 역할도 컸다. 유럽의 크리스트교부터 이슬람교, 힌두교, 불교 등이 각 나라의 이야기에 스며들어 신데렐라 서사의 변화에 큰 영향을 미쳤다.

## 그림 형제는 사기꾼이다?

그림 형제는 『그림동화』 초판에서, 독일 각지를 돌아다니며 민중의 구전 동화를 전해 듣고 이를 그대로 활자화했다고 설명했다. 그들의 말은 오랫동안 사실로 여겨져 왔다. 제2판의 서문에는 이야기를 수집하던 당시에 도움을 준 사람 중에 독일 헤센주의 토박이 농부인 도로테아 피만이 가장 이상적인 이야기꾼이었다는 극찬의 글과 함께 삽화까지 실려 있다. 또 빌헬름 그림의 아들은 이야기꾼 '마리 할머니'에 대해 구체적으로 증언하기도 했다. 농부 출신인 마리는 독일 카셀 지역의 어느 약국에서 더부살이하던 전쟁미망인이었고 그림 형제는 그녀에게서 헤센 지방의 민화를 전해 들었다고 한다. 이 역시 그림 형제의 가족들이 말한 것이었기에 연구자들은 어떤 의문도 갖지 않고 사실이라고 믿어 왔다.

　그런데 1975년에 하인즈 뢸레케 교수가 놀라운 주장을 발표한다. 그림 형제가 독일 각지를 돌아다니며 이야기를 수집했다

『그림동화』에 삽화가 실릴 정도로 이상적인 이야기꾼이라 불린 독일의 토박이 농부
도로테아 피만. 그러나 사실이 아니었다는 것이 밝혀져 큰 혼란이 일었다.

루트비히 에밀 그림, 도로테아 피만의 초상화, 1815

는 것은 날조된 허구라는 것이다. 그는 그림 형제 연구의 일인자였으므로 큰 파문이 일었다. 묄레케 교수에 따르면 『그림동화』의 대부분은 독일 카셀의 중산층 사람들과 종교적 박해를 피해 프랑스에서 망명해 온 위그노(청교도) 귀족의 후손에게서 영감을 얻었다고 한다. 빌헬름 그림의 아들이 소개한 마리 할머니는 스무 살에 불과한 젊은 여성이었으며, 프랑스에서 이미 큰 인기를 끌었던 페로의 동화를 익히 알고 있었다. 농부 출신이라고 앞서 이야기한 도로테아 피만도 독일인이 아니라 프랑스계이며 가정에서는 프랑스어를 썼다고 한다. 그밖에도 그림 형제가 수집한 이야기 중에는 이미 널리 알려진 문헌에서 수집해 개편한 것도 있었다는 사실이 드러났다.

결국 묄레케 교수로 인해 『그림동화』의 비밀이 폭로되고 말았다. 그의 주장은 당대 혁신적인 사건이었으며, 현대에 와서 검증되어 정설이 되었다. 「재투성이」의 출처는 독일 마부르크에 있는 빈민 수용 시설에서 지내던 노인이거나 헤센의 민화 등을 합친 것으로 판명났다.

그림 형제의 행적을 두고 여러 의견이 존재한다. 당시는 동화 연구의 방법론이 확립되지 않았던 시대여서 그림 형제가 자신들만의 방식으로 이야기를 각색하고 짜깁기할 수밖에 없었다는 것이다. 게다가 당시 독일은 통일되기 이전이었고 프랑스의 나폴레옹에게 점령당하던 시대이기도 했다. 그림 형제는 누구보다도 독일 민족의 해방과 통일을 염원했다. 그랬던 그들이 프랑스 사람인 페로의 동화에서 영향을 받았다는 사실을 숨기고 싶어 했던 것은 어찌 보면 당연한 일이 아니었을까? 동화를 수집하는 과정에 대해서 그림 형제를 비판하는 것은 섣부른 판단일 것이다.

# 글과 전승

글로 전해져 내려오는 이야기의 특징

## 각국의 언어와 출판의 관계

신데렐라 서사의 전승 과정에서, 예외적으로 고대부터 중세에 걸쳐 글로 전해 내려오던 이야기가 있었다. 고대 이집트의 파피루스 기록이나 헤로도토스와 스트라본이 언급했던 「로도피스의 신발」이 가장 대표적인 예시였다. 연구자들에게 있어서는 가장 고마운 자료다. 이를 통해 이야기의 구조를 사실적으로 해명할 수 있었다.

그러나 고대나 중세에는 글을 읽을 수 있는 사람이 적었던 데다가 손으로 쓰는 수기 중심이었기 때문에 서승書承의 전파력이 지극히 한정적이었다. 아래에서 예시로 든 것들은 글로 전승된 동화집 목록이다. 이 동화집들은 각국의 언어로 출판된 만큼 민족적 특색을 지니는데, 편찬되던 시기에도 언어가 큰 영향을 끼쳤다. 출판은 대부분 근대 국가가 팽창하는 시기와 겹쳤고 동화집은 내셔널리즘과 깊이 연관되었다.

- 『아라비안 나이트』 : 8세기경 페르시아어에서 아랍어로 번역되어 9세기에는 그 골격을 갖추었다. 인도 민화의 영향을 받은 것으로 여겨진다.
- 단성식의 『유양잡조』(중국) : 9세기에 만들어진 것으로 알려졌다. 신데렐라 서사의 기록으로써 중요한 사료적 가치를 지닌다.
- 『오치쿠보 모노가타리』(일본) : 10세기 말로 추정된다. 일본어로 된 계모의 학대 서사로는 세계에서 오래된 편이다.
- 스트라파롤라의 『익살맞은 밤』(이탈리아) : 16세기에 베네치아에서 출판되었다. 유럽 신데렐라 서사의 근원을 내포하는 중요한 동화집이다.
- 바실레의 『펜타메로네』(이탈리아) : 17세기에 기록된 나폴리 민화 모음집이다.
- 『페로 동화집』(프랑스) : 17세기 말에 출판된 것으로 이탈리아 동화집의 영향을 많이 받았다고 알려져 있다.
- 『그림동화』(독일) : 19세기에 편찬된 것으로 초판부터 7판까지 있으며 200편의 이야기가 담겨 있다. 동화집으로서는 가장 유명하다.
- 앤드루 랭의 『랭 동화집』(영국) : 19세기에 나온 시리즈물로 영어로 쓰인 덕분에 세계적으로 그 영향력이 컸다.

- 칼비노의 『이탈리아 동화집』(이탈리아) : 20세기에 이르러 칼비노는 이탈리아에 전해 내려오는 민화를 200편 수집했다. 이는 『그림동화』를 의식한 것이다.

## 인쇄 기술 발전에 따른 민화의 확산

글로 기록이 이어지는 서승의 형식 속에는 기억의 축적이라는 문화 계승의 핵심적 가치가 포함되어 있다. 이로 인해 단순했던 스토리가 복잡해지고 새로운 요소가 더해지곤 했다. 동화는 시대와 문화권에 따라 크게 변화하며 이야기 전개에 각각의 세세한 뉘앙스를 만들어 냈다. 그러나 반대로 문자에 지나치게 의존했기 때문에 기억에 남을 만한 임팩트를 잃어버릴 수 있다는 약점도 지니고 있었다. 더욱이 서승은 구어체, 방언, 줄거리의 다양한 변화를 막고 표준화하는 역할을 했다.

본격적인 서승은 구텐베르크의 활판 인쇄 발명으로 시작되었다. 처음에는 성경을 보급하는 것이 목적이었으나 곧 일반 서적으로 확대되어 출판 부수가 비약적으로 늘어났다. 이때 민화도 활자화되면서 이야기의 줄거리나 서술이 고정된 형태로 널리 퍼지기 쉬워졌다. 이렇게 한 나라나 문화권 안에서 동일한 신데렐라 서사가 전파되면서 다채로웠던 이야기들은 서서히 자취를 감췄다.

근대 이후에는 특히 유럽에서 문맹 퇴치 교육에 관심이 쏠리게 되면서 동화에서도 활자에 의한 서승 형식이 압도적으로 늘었다. 부수적으로는 교재에도 수록되며 가정 교육뿐만 아니라 학교 교육에도 영향을 주었다.

그런데 민화는 그저 구전에서 갑작스레 서승으로 이동한 것이 아니다. 앞서 설명한 바와 같이 근대 민화의 특징은 구전과 서승이 함께 존재하고 있다는 것이다. 유럽에서는 페로와 그림 형제의 동화집이 유명해지면서, 가정에서 할머니가 아이들에게 동화를 읽어주는 분위기가 형성되었다. 그 토대가 된 책은 우리가 알고 있는 『그림동화』의 원제인 『어린이와 가정을 위한 옛날 이야기』였다. 서승된 동화로서는 후세에 가장 큰 영향을 미친 것으로, 현재 140여 개 이상의 언어로 번역되어 국경을 넘어 광범위하게 전파되었다.

# 번역

어떻게 번역되고 개편되었는가

## 일본어로 번역된 신데렐라 서사의 문제점

과거 번역이나 번안은 구전인 경우도 있었지만 근대 이후의 번역은 활자본을 통해 이루어졌으며, 서승이 원칙이었다. 국제 교류가 진전되고 세계화가 될수록 번역 및 번안 수요도 늘어난다. 모국어 외의 언어로만 이어지던 이야기에 접근하려면 결국 번역에 의존할 수밖에 없었다. 따라서 근현대 신데렐라 서사의 전파에 있어서 번역에 관한 이야기를 빼놓을 수 없다.

활자본을 번역하는 경우, 역자는 원칙적으로 정확하게 번역하려고 하지만 문화가 다르기 때문에 이해하는 과정에서 큰 장벽에 부딪히는 경우가 많다. 그대로 번역해도 이해할 수 없는 부분이 있고, 자문화의 관점에서 도덕적으로 비추어 봤을 때 탐

탁스럽지 않은 장면도 있기 때문이다. 이를 바탕으로 일본 메이지 시대에 이루어졌던 유럽 신데렐라 서사의 번역 문제를 살펴보고자 한다.

『그림동화』는 주로 영어에서 일본어로 번역되었다. 독일어에서 영어로, 그리고 일본어까지 두 언어를 거친 셈이다. 동화 연구자 노구치 요시코는 이렇게 이중 번역을 통해 나온 최초의 『그림동화』 번역서가 스가 료호의 『서양고사신선총화』(1887년)라고 판단했다. 여기에는 12편의 『그림동화』 중 「재투성이」가 수록되어 있는데, 이때 일본 풍습에 맞도록 개편된 흔적이 있다. 가령 비둘기가 의붓자매의 눈을 찔러 장님으로 만드는 잔혹한 장면은 삭제되었다.

페로의 동화를 바탕으로 한 신데렐라의 이야기를 번역한 것으로는 쓰보우치 쇼요의 「오싱 모노가타리」가 유명하다. 조력자 요정을 주지의 아내로, 왕자를 어린 군주로, 자정 12시를 밤 6시로, 유리구두를 부채로, 구두를 신어보는 장면을 부채에 그려진 그림을 맞추는 장면으로 바꾸었다. 이는 당시 유럽의 사정을 몰랐던 일본의 입장에서는 어쩔 수 없는 개편이었다고 할 수 있다. 이 이야기는 1901년 고등소학교 교과서에 실려 일본 전국에 널리 알려졌다.

## 번역으로 탄생한 다양한 민화

메이지 시대에 이루어진 번역은 교육적인 교훈을 목적으로 했기 때문에, 「재투성이」보다 「늑대와 일곱 마리의 아기 염소」 같은 이야기를 많이 다루었다. 이야기나 교훈으로써 아이들에게 설명하기 쉬웠기 때문이다. 유럽에서 유입된 신데렐라 서사가 주목받은 것은 전쟁 이후인 쇼와 30년(1955년) 즈음에 비로소 나라가 안정되어 갈 때였다.

신데렐라 서사의 번역과 번안은 자국의 정서를 고려했을 때 개편이 불가피했다. 이는 단순히 일본뿐만 아니라 많은 나라에서 이루어지는 과정이다. 자연스레 고대 인류로부터 시작된 신데렐라 서사의 전파에서도 일찍이 같은 방식이 이뤄졌다. 그 덕분에 다양한 이야기가 탄생할 수 있었다. 이렇듯 많은 변화를 겪었지만 '신데렐라 서사'의 골격만은 고스란히 간직한 채 전파되었던 것이다.

# 그림책과 삽화

근대에 만들어진 신데렐라 이미지

## 그림으로 남겨지다

문맹률이 높았던 근대 이전, 가장 효과적인 시각 미디어는 그림
책이었다. 그림책에도 여러 종류가 있는데 그 시초는 '빌더보
겐'이다. 만화처럼 여러 점의 그림이 나열되어 있고 그 밑에 글
을 적어 인쇄한 것을 말한다. 빌더보겐은 글자를 모르는 어린이
와 여성의 교육용으로 사랑받으며 18~19세기에 유럽에서 크게
유행했다. 인쇄술이 발달한 근대에는 동화뿐만 아니라 도감 등
다양한 형태의 그림책이 출판되었다. 그림책이나 빌더보겐은
문해력이 조금 떨어지더라도 그림과 글자를 동시에 보며 동화
의 세계를 이해할 수 있었다. 덕분에 교육이나 어린이들의 인격
형성에도 큰 영향을 주었다.

신데렐라 이야기가 그려져 있는 빌더보겐. 문맹률이 높았던 시대, 글과 그림이 함께 있는 이야기책이 탄생하자 더 많은 사람이 환상동화를 즐길 수 있게 되었다.

샤를 페로, 「재투성이」, C. Burckardt's Machl 출판, 1889~1945, 네덜란드 왕립도서관

　동화가 널리 읽히면서 그 안에 들어간 삽화가 크게 주목받게 되었다. 특히 프랑스의 귀스타브 도레, 독일의 루드비히 리히터 등이 삽화가로 이름을 날렸다. 삽화는 장면의 이미지를 일반 독자들에게 강요하며 상상할 여지를 주지 않는다는 비판이 있기도 했지만 적절하게 사용되면 독자들에게 강한 인상을 심어 주어 동화를 깊게 이해하는 데에 큰 도움을 주었다.

　삽화가들은 이야기의 핵심 장면을 그림으로 그렸는데, 그중 가장 유명한 삽화가는 귀스타브 도레였다. 그는 풍부한 상상력과 표현력으로 화려하고 기묘한 환상의 세계를 구현했다. 특히 「샹드리용」의 대표적인 장면을 일러스트로 남겨 대중의 기억 속에 각인시켰다. 커다란 호박을 도려내고 마법을 걸어 마차를 만드는 모습, 우아한 궁정의 무도회, 그리고 구두를 신어 보는 신데렐라. 지금도 '신데렐라'라고 하면 많은 이가 귀스타브 도레의 삽화를 떠올릴 것이다.

　삽화는 누구에게나 기억에 남는 인상적인 부분을 사실적이면서도 한편으로는 조금 과하게 표현하는 방식이었다. 사진이 없던 시대, 신데렐라 서사가 더욱 널리 알려질 수 있도록 한 데에는 삽화가 결정적인 역할을 했다.

## 인형극과 연극

그림책이나 삽화 이외에 눈을 즐겁게 하며 이야기를 전달하는 방식으로 인형극을 빼놓을 수는 없을 것이다. 유럽에서는 인형극의 전통이 중세시대부터 이어져 왔다. 이들은 유랑극단처럼 이동하며 순회 공연을 했는데, 현재는 고정된 인형극장이 독일 각지에 설치되어 있다. 그림 형제의 연고지인 독일 슈타이나우에는 90년의 역사를 가진 인형극장이 있으며 어린이들에게 인기 있는 장소가 되었다. 『그림동화』가 무대에 오르고 「재투성이」도 인형극으로 만들어졌다. 극은 한 명의 대사뿐만 아니라 여러 명의 목소리를 등장시킬 수 있어 현장감과 서사의 전달력을 높였고, 관객들에게 강렬한 인상을 주었다.

인형극에서 파생되어 진화한 것이 오페라, 발레, 뮤지컬 등이다. 조아키노 로시니가 작곡한 오페라 『라 첸네렌톨라』(1817년)는 「샹드리용」을 바탕으로 만들어졌으며 극적 요소들과 음악이 결합되어 이후 뮤지컬의 선구적인 역할을 했다. 신데렐라 서사는 이처럼 그림, 인형극, 연극, 음악이라는 종합 예술로써 확장되는 모습을 보였다.

그 연장선상으로 테마파크 디즈니랜드의 동화적 연출이 돋보이는데, 1851년부터 시작된 런던 만국박람회를 의식한 미국판 연출이라 생각된다. 아메리칸드림을 구현한 디즈니랜드는 테마화, 비일상화, 소비형 문화, 세계화라는 네 가지 관점에서 매우 특색 있는 현대적 종합 예술이라고 할 수 있으며, 신데렐라 서사가 세계로 전파되는 데에 큰 영향을 주었다.

# 20세기 미디어

애니메이션 영화·DVD·인터넷


## 아메리칸드림, 신데렐라

미국의 디즈니 애니메이션은 획기적인 '신데렐라 시대'를 개척해 나갔다. 디즈니는 유럽의 유명한 동화를 애니메이션 영화로 만들었고 『백설공주』(1937년), 『신데렐라』(1950년), 『잠자는 숲 속의 미녀』(1959년)가 연달아 크게 성공했다. 이들에게는 공통적인 특징이 있다. 페로와 그림 형제의 동화를 미국인 취향의 스토리로 각색하여 영상화한 미국식 캐릭터를 만들어 냈다는 점이다. 그럼 디즈니가 애니메이션 영화를 통해 이루려고 한 궁극적인 목표는 무엇이었을까?

1930년대 이후, 디즈니가 창출한 애니메이션 영화는 이미 앞에서 언급했듯이 아메리칸드림의 실현에 큰 역할을 했다. 디즈니라는 인물의 개인적인 성공을 보여 줬을 뿐만 아니라 꿈과 행복의 추구라는, 당시 미국인의 사고방식을 고스란히 담아낸 것이라고 할 수 있다.

특히 『신데렐라』의 줄거리는 페로가 쓴 동화집의 전개를 그대로 따르는데 이때 곤경에 처한 주인공이 그곳에서 탈출해 행복을 찾는다는, 미국인이 가장 선호하는 서사가 강조된다. 주인공이 계모와 의붓자매에게 심하게 구박받으면서 주어진 일을 성실히 하며 살다가 요정의 도움으로 결국 결혼에 성공하는 해피엔딩 스토리에 중점을 두는 전개다. 신데렐라는 허드렛일을 하던 미천한 존재가 정상의 존재인 왕비로 신분이 상승하는 꿈을 이루게 해준다. 이는 미국의 서부 개척 시대에 청교도의 소망이었고, 제2차 세계대전 후 전장에서 돌아온 병사들에게도 결혼에 대한 기대감을 심어 주었을 것이다.

애니메이션 영화의 특징은 압도적인 영상이 선사하는 박진감이다. 영화는 마법을 묘사하는 훌륭한 미디어 매체이며 그 영향력은 구전이나 서승의 수준과는 비교가 되지 않는다. 게다가 음성만 더빙해도 전 세계 각국의 사람들에게 서사를 전파할 수 있다. 신데렐라의 세계화가 가장 광범위하게 이루어지게 된 데에도 영화라는 매체가 지대한 영향을 끼쳤다.


## 수동적 미디어의 문제점

영화에는 치명적인 약점이 있다. 글로 된 매체를 접할 때는 '독서'라는 능동적인 행위가 따른다. 그러기 위해서는 에너지를 필요로 하는데, 독자는 독서할 때 잠시 화장실을 가거나 책을 덮는 등 주체성을 발휘할 수 있다. 그러나 영화는 수용자 입장에서 수동적인 매체다. 극장에서 좌석에 앉기만 하면 큰 에너지를 쓰지 않고 볼 수 있지만 불필요한 경우를 제외하고는 장면과 스토리를 보여 주는 대로 받아들일 수밖에 없는 구조다. 이런 특성은 작품 해석에 적지 않은 영향을 미친다.

즉 영화는 화면에 비춰지는 영상으로 인해 일반적인 해석을 강요하고 능동적인 비판을 어렵게 한다. 본래 문학 작품은 행간에 깊이가 있고 상상력을 통해 독자가 다양하게 해석할 수 있는 여지를 이끌어내지만, 애니메이션 영화는 평범한 해석 그대로를 따르며 문제를 깊게 파고들거나 의미를 캐묻지는 않는다.

문제점은 하나 더 있다. 영상을 보려면 영화관처럼 감상할 수 있는 장소를 찾아가야 한다. 결국 영화는 장소와 시간 등에 제약을 받는다. 그런 점에서 DVD나 인터넷은 집에서 보고 싶을 때 언제든지 볼 수 있기 때문에 영화의 약점이나 문제점을 해소해 주는 매체다.

이처럼 신데렐라 서사는 신화와 전설, 민화, 전래 동화, 어린이를 대상으로 한 동화로 장르를 바꿔 왔다. 그리고 구전과 연극, 활자본, 그림책, 라디오, 텔레비전, 만화, 애니메이션, 영화, 인터넷 등 미디어의 변천을 거쳐 우리 곁에 남았다. 돌이켜 생각해 보면 시대와 미디어가 변해왔더라도 신데렐라 서사는 계속 살아남아 사람들의 마음을 사로잡아 왔다고 할 수 있다.

부록

# 숨겨진
# 코드

# 또 다른 주인공,
# 계모

## 씩씩하고 부지런한 주인공 vs 악랄한 계모

만약 신데렐라 서사에서 계모가 악역으로 등장하지 않았다면 이 이야기는 이만큼 인기를 끌지 못했을 것이다. 예를 들어 「골풀 모자」에서는 계모가 등장하지 않는 대신, 아버지가 딸의 대답이 마음에 들지 않는다는 이유로 그녀를 내쫓는다. 그런데 아무리 화났다고 해도 말 한마디에 딸을 매몰차게 내쫓는 아버지가 과연 있을까? 이런 상황은 극적인 연출과는 거리가 멀고, 주인공에게 몰입하기도 쉽지 않다.

그러나 계모가 등장하면 이야기는 달라진다. 계모는 거만하고 허영심이 강하며 짓궂은 성격이다. 이런 모습은 「샹드리용」이나 「재투성이」에서도 강조되고 있다. 그에 비해 주인공은 아름답고 사랑스러운데다가 누구에게나 사랑받는 성격으로, 괴롭힘을 당해도 반항하지 않고 자신이 해야 할 일을 열심히 해낸다. 괴롭힘이 가혹할수록 신데렐라에게 동정심이 쌓이고 계모와 의붓자매에 대한 반감이 커진다. 이렇게 대립과 갈등이 클수록 사람들에게 강한 인상을 줄 수 있다.

신데렐라 서사는 처음부터 뚜렷한 이항 대립 구조로 되어 있다. 독자 혹은 청자는 이야기가 시작할 때 신데렐라를 동정하고 자신과 일체화하는 등 강하게 이입하며, 동시에 자연스럽게 계모에게 격렬한 적대감을 가진다. 이러한 전개는 사람들로 하여금 명확한 입장을 취하도록 하는 효과가 있다.

대립 구조는 재혼으로 인해 발생하는데, 이런 장치는 개연성을 부여하고 사람들을 납득시키는 요소가 된다. 과거 위생 상태가 좋지 않아 사망률이 높았던 시대에는 여성이 아이를 낳다가 젊은 나이에 사망하고 아버지의 재혼으로 계모가 들어오는 일이 흔했다. 즉 신데렐라의 고난은 현실에서도 충분히 있을 수 있는 이야기였다. 사람들은 이런 일이 누구에게 닥칠지 모른다고 생각했으며 그렇기 때문에 주인공의 처지를 불쌍히 여겼던 것이다.

## 사실적인 학대 묘사

학대란 인간의 마음속에 깃들어 있는 본능이다. 보통은 그 감정을 이성적으로 억제하며 생활하지만 본능을 자각하고 있기 때문에 학대 장면 또한 설득력 있게 느껴진다. 신데렐라 서사에서는 이 고난을 누구나 알기 쉽도록 계모라는 악역을 통해 표현했다.

동물의 세계를 예로 들어 보자. 새끼 딸린 암컷 사자가 다른 수컷 사자와 짝이 되면 짝을 이룬 수컷은 이전 수컷의 새끼들을 모두 물어 죽인다. 또한 무리를 지어 생활하는 늑대나 유인원의 경우 한 개체가 약해지면 주변에 있는 건강한 무리가 그 개체를 집단으로 괴롭힌다. 이렇듯 괴롭힘과 학대가 동물의 본능이라는 것은 유감스럽게도 사실이다. 사람들은 동물이나 인간에게 내재된 본능을 자각하고 있기 때문에 계모의 학대에서 리얼리티를 느낀다.

젠더론 입장에서는, 계모를 '의붓자식을 괴롭히는 사람'이라는 고정 관념으로 묘사하는 것은 여성 차별이나 다름없다는 비판이 있다. 그러나 한편으로는 아동 학대가 빈번히 일어났던 당시 상황을 고발하는 역할을 한다고 볼 수 있지 않을까? 문학 작품의 관점으로 보면 계모처럼 치밀하게 설정된 악역이 재미를 더하는 요소가 되기도 한다. 이런 구성이 신데렐라 서사에도 나타나고 있으며, 그런 의미에서 계모는 신데렐라 서사의 또 다른 주역인 것이다.

# 주인공, 조력자,
# 독자만이 아는 진실

## 주인공과 조력자에게 감정을 이입하는 독자

사람들이 이야기의 주인공에게 감정 이입을 하는 데에는 이유가 있다. 이야기꾼이 주인공과 조력자의 시점으로 줄거리를 전하기 때문이다. 즉 이야기를 전달받는 입장에서는 계속해서 주인공의 시점에서 동화를 보고 있는 것이다. 예를 들어, 무도회 장소에 신데렐라가 등장하지만 그 자리에 있는 인물들은 물론이고 계모와 의붓자매조차 신데렐라의 정체를 모른다. 아름다운 옷과 유리구두는 사람을 현혹하는 힘을 지닌 물건으로 묘사되어, 모든 인물이 신데렐라를 만난 적 없는 다른 나라의 공주라고 믿게 한다. 하지만 이야기 밖에 있는 사람들은 그 눈속임의 정체를 알고 있다.

이러한 시점은 상당히 오래된 서사 방식에 속한다. 그 안에서 이야기꾼과 청자는 모든 것을 꿰뚫어 보는 신의 입장에 서있다고 해석할 수 있다. 사람들은 신처럼 계모와 의붓자매를 내려다볼 수 있고, 평소 교만했던 이들이 어찌된 일인지 사태를 파악하지 못하고 우왕좌왕하며 당황하는 모습을 여유 있게 바라본다. 이런 위치가 사람들에게는 통쾌하게 다가올 수밖에 없다.

## 권선징악

이렇게 주인공을 괴롭히던 사람은 벌을 받고, 결말은 독자의 기대대로 흘러간다. 권선징악은 심리적으로 가장 안정적인 전개 방식이다. 발의 일부를 잘라내거나 눈을 도려내는 잔혹한 장면부터 페로의 동화처럼 죄를 용서받는 훈훈한 내용까지, 나쁜 짓을 저지른 사람의 운명은 다양하다.

그러나 현대 문학에서는 대부분의 경우 화자가 숨어 있기 때문에 전개를 예측할 수 없다. 1인칭 시점이 등장하며 주인공 역시 사태를 파악하지 못하는 경우도 많다. 그 이유는 개인을 중심으로 현실 세계를 있는 그대로 표현하기 위해서다. 현실에서는 반드시 권선징악이 이루어지리라는 보장이 없고, 상황에 따라서는 악이 이길 수도 있다. 앞날이 어떻게 될지 아무도 예상할 수 없다.

하지만 오늘날에도 사람들은 현실적인 이야기보다 권선징악이라는 옛날 구조를 선호한다. 그 이야기 속에서 교훈을 찾고 통쾌함을 느끼기 때문이다.

# 신발의 상징성

## 두 사람의 화합을 이루다

신발은 좌우 대칭형이고 한 쌍이 세트로 되어 있다. 사람들은
예로부터 신발을 남녀 관계의 상징으로 여겨 왔다. 신데렐라 서
사에서 가장 유명한 장면은 유리구두나 황금구두를 성의 계단
에 남겨 두고 가는 장면일 것이다. 구두 또는 신발은 주인공의
정체를 밝히는 증거로 그려지며 결혼의 상징으로 여겨져 왔다.
신발은 샌들부터 장화까지 종류와 형태가 다양한데, 그 시초는
벗겨지기 쉬운 뮬Mule*이었을 것이라고 추측한다. 신데렐라 서사
의 근원지로 여겨지는 고대 이집트와 지중해 지방에서는 구두
가 아니라 샌들이 일반적이었기 때문이다.

특히 투탕카멘이 신고 다녔던 황금 샌들은 파라오의 권위를
상징했다. 당시에는 서민들이 맨발로 다녔기 때문에 황금 샌들
은 고귀한 신분을 나타내는 물건이었다. 투탕카멘의 의자 등받

---

\* 　고대 로마인들이 신었던 샌들 형태의 신발. 현대 프랑스에서도 신발을 지칭하는
　용어로 쓰인다.

이에 그려진 그림에서는 왕비 안케세나멘이 투탕카멘에게 향유香油를 바르고 있다. 발 밑의 샌들을 자세히 보면 왕은 왼발에, 왕비는 오른발에 각각 한 짝씩 신었다. 한 켤레의 샌들을 나누어 신은 모습을 보여 주며 부부는 일심동체라는 것을 표현하고 있다.

## 작은 발일수록 미인이다?

신데렐라 서사에서 신발은 작은 발을 강조하는 역할을 한다. 작은 발을 가진 사람이 미인이라는 속설은 동서고금을 막론하고 반복된다. 작은 발은 움직일 필요가 없는 왕족과 귀족 계급의 상징이었고 반대로 발이 큰 여성은 노동자 계급을 연상시켜 미인이 아니라는 고정 관념에 사로잡혀 있었기 때문이다. 그래서 계모는 딸의 발가락을 칼로 자르며 "왕비가 되면 걸을 필요가 없으니까."라고 말하기도 한다.

민속학적으로 보면 신발에는 결혼에 얽힌 풍습이 많다. 과거 유럽에서는 결혼식 때 신부가 신랑의 신발을 신고 가족의 일원이 되는 의례를 치르기도 했다. 신랑과 신부를 향해 헌 신발을 던지면 자식을 얻는다고 믿기도 했다. 또한 신발은 부부의 화합을 상징한다. 평소에 신발을 신은 채 생활하다가도 침대에 누울 때는 신발을 벗기 때문에, 신발을 벗는 것과 성性을 연관 지어 생각해 왔던 것이다.

신발 풍습은 유럽뿐 아니라 중국에도 존재했다. 좡족은 결혼할 때 여성이 남성에게 신을 것을 선물했고 한족은 반대로 남성이 여성에게 신을 것을 선물하는 풍습이 있었다고 한다. 또한

투탕카멘의 의자 등받이에 그려진 투탕카멘과 그의 아내 안케세나멘. 신발을 한 짝씩 나눠
신으며 함께하는 모습을 보여 주고 있다.

처녀가 나막신을 태워서 기우제를 지내는 풍속이 있는데, 그 이유는 '나막신을 태우면 파란 연기가 하늘로 올라가 천신과 관계를 맺기 때문'이라고 한다.

신발과 성의 관계는 중국의 전족 풍습에서 엿볼 수 있다. 전족은 남당 시대(937~975년)에 시작되었다고 하며 근대까지 천 년 가까이 지속된 악습이다. 중국의 신데렐라 서사에도 전족을 연상시키는 '작은 발'이 행복한 결혼을 부른다는 생각이 반영되어 있다. 중국에서는 20세기 초까지도 어린 여자아이들의 발을 꽁꽁 묶어 걷기 힘든 상태로 만드는 잔혹한 풍습이 반복되었으며, 이런 행위가 여성을 길들이거나 국소 근육 강화에 효과가 있다고 믿었다. 작은 발을 가진 여자를 미인으로 여기는 신데렐라 서사는 터무니없는 여성 멸시와 연결되는 측면이 있다고 할 수 있다.

# 고대 주술에서 시작된
# 마법과 판타지

## 이계를 오가는 샤먼

신데렐라 서사는 비현실적인 기적이 일어나는 환상동화로 분류
되어 있다. 이야기에서 등장하는 마법은 근현대 사회에서 실제
로 일어날 수 없는 일이기 때문에 판타지로 받아들여지는 것이
다. 그러나 고대 애니미즘의 세계에서는 마법이 정말 일어날 수
있는 일이라고 믿었다. 뼈만 있다면 죽은 사람이라도 부활한다
는 생각이 유라시아에서 아프리카 대륙까지 퍼져 있었다. 그리
고 그 중심에는 샤먼*이 있었다.

　사람들은 샤먼이 주술을 사용해 변신하여 현실과 이계를 오
갈 수 있다고 여겼다. 의식을 치르기 위해 신명나게 북을 치다
보면 트랜스 상태**에 빠지기 쉬우며, 그렇게 빙의된 상태로 이
계에 들어가 동물의 영혼과 교류하는 것으로 추정된다. 샤먼은

---

*　무속인 또는 주술사를 뜻한다.
**　무언가에 푹 빠져 있는 상태로, 몽환 상태라고도 한다.

이 의례를 통해 풍요로운 사냥을 기원했다.

이처럼 일찍이 샤먼들은 동물이나 새로 변신해 자유롭게 이계와 교류했다. 종교학자 미르체아 엘리아데는 다음과 같이 말했다.

> …샤먼의 행사 때 사용되는 언어의 상당 부분은 새나 그 외 동물의 울음소리에서 탄생했다. …즉 새의 울음소리와 노랫소리를 모방한 것이다. 일반적으로 샤먼은 가성으로 매우 날카로운 목소리를 내거나 두성을 내면서 자신이 아니라 정령이나 신이 내는 소리라는 것을 분명히 하고자 한다.
>
> – 미르체아 엘리아데, 『신화, 꿈, 신비』 중에서

샤먼은 실제로는 지상에 있지만 관념 속에서 새로 변해 소우주를 날아서 신과 교신한다. 이 장면은 「로도피스의 신발」에 등장하는 독수리처럼 조력자의 상당수가 새인 것과 무관하지 않다. 새는 신에게 메시지를 전달하는 매개자 역할을 한다. 따라서 새를 통해 이계와의 관계를 보여 주는 마법은 신데렐라 서사의 기본 구조로써 빠지지 않는 요소였다.

### 선사시대 유럽에서 의미하는 '변신'

유럽에서도 샤먼의 흔적이 발견되었다. 바로 프랑스의 라스코 동굴 벽화다. 이 벽화는 1만 5천 년 전 신석기시대에 크로마뇽

동물로 변장해서 북을 치고 있는 시베리아 퉁구스족의 샤먼. 샤먼은 동물에 빙의되어
신이나 또 다른 세계와 교류하는 역할을 했다. 이때 이들이 빙의하는 동물은 새와 소 등
신데렐라 서사에서 자주 등장하는 조력자와 일치한다.

니콜라스 비첸, 시베리아의 샤먼 일러스트, 17세기

인이 남긴 유적으로 유명하다. 벽화에는 기묘한 그림이 그려져 있다. 인간이 한 명 있고, 소의 조상인 오로크스는 창자가 찢겨 쓰러져 있다. 부러진 창은 사냥을 연상시킨다. 당시 상황을 지하 벽화로 재현하여, 일종의 의례를 행하고 있는 그림으로 보인다.

오로크스는 신에게 공물로 바쳐진 것이고 그 곁에 누워 있는 듯한 인간은 새로 분장한 샤먼으로 추정된다. 얼굴에 부리가 달려 있고 그 아래쪽에 새가 그려져 있다. 그는 트랜스 상태에 빠졌고 성기가 발기했으며 왼손은 오로크스의 뿔이 있는 방향을 가리키고 오른손은 조대鳥竿 쪽으로 향해 있다. 또한 부러진 무기를 곁에 두고 있는 것으로 보아 죽어 가는 오로크스의 정령을 새에게 의탁하여 신에게 보내는 광경을 나타내는 것으로 보인다.

신의 공물이 되는 오로크스, 신과의 중개 역할을 하고 있는 새, 새와 일체되어 있는 샤먼의 트랜스 상태는 문자가 없던 크로마뇽인이 의례를 치르는 의미를 보여 준다. 이 그림은 신데렐라 서사에서 조력자로 소와 새가 등장하는 이유와 깊은 관련이 있다.

변신에 대한 상상은 마법이라는 형태로 남아 환상동화에 스며들었다. 신데렐라 서사에서 마법은 인간의 소망을 나타내며, 이계로 이끄는 신비한 힘을 가지고 있는 것이다. 덕분에 사람들은 본능적으로 환상동화에 매료된다.

라스코 동굴 벽화의 한 장면. 오로크스를 공물로 바치고, 새로 분장한 샤먼이 오로크스의 영혼을 새에 의탁해 신에게 보내는 의식을 행하는 장면이라고 추측하고 있다. 새와 소는 오래전부터 중요한 의미를 가지고 있었다는 것을 보여 준다.

# 위기를 극복하고
# 환상적인 무도회의 세계로

### 일상과 환상의 결합

신데렐라의 불행은 일상 생활 속에서 묘사되고 있다. 그녀는 식사 준비, 방 청소, 빨래 등 온갖 일을 떠안으며 말 그대로 부뚜막의 재투성이가 되어 일한다. 사실 신데렐라가 하는 일은 지금까지도 모두가 흔하게 하고 있는 일이다. 게다가 의붓자매들의 교만함과 신데렐라에 대한 멸시가 맞물리면서 사람들은 신데렐라의 불행을 실감나게 체험할 수 있다.

그러나 그저 현실을 담아내는 것에 그쳤다면 신데렐라 서사는 지금까지 이어지지 않았을지도 모른다. 동화에서는 일상 세계에서 있을 수 없는 마법이 등장하고 비현실적인 세계가 당연한 것처럼 흘러간다. 비현실적인 세계에서 나타난 조력자가 곤경에 처한 주인공을 구제해 주고 불행했던 상황을 역전시키는 이야기는, 그 시대를 살던 모두의 소망이었기 때문에 어디에든 빠지지 않고 등장하게 되었다. 더욱이 신데렐라의 변신은 현실에서 볼 수 없는 화려한 무도회와 함께 등장하기 때문에 조금도 위화감이 없다. 성으로 향하는 마차와 마부, 우아한 무도회에서 이루어지는 왕자와의 만남. 이러한 베르사유 시대의 궁정 문화와 평범한 일상의 극단적인 대비는 페로가 「샹드리용」에서 먼저 선보였다.

## 비현실적인 축제의 세계

무도회라는 환상 공간의 중심에는 신데렐라가 왕자와 춤을 추는 장면이 있다. 신데렐라에게 첫눈에 반한 왕자는 춤을 청한다. 이 과정은 남녀가 만나는 전형적인 첫걸음이 된다. 춤은 유럽 축제에서 빠지지 않는 행사인데, 사실 춤을 추는 행위에는 은밀한 의미가 숨어 있다. 춤을 추다 보면 자연스레 신체 접촉이 이루어졌고 그 과정에서 사랑에 빠지는 남녀가 많았기 때문이다. 축제 후에 임신하는 사례도 적지 않았다.

어떻게 보면 왕자는 신데렐라의 성격이나 생각을 고려하지 않고 첫눈에 사랑에 빠지는 경박한 인물처럼 보일 수도 있다. 그러나 그가 그럴 수밖에 없었던 이유가 있다. 신데렐라가 자신이 누구인지 밝히지 않기 때문이다. 왕자는 어쩔 수 없이 옷이나 유리구두 등 겉모습으로 상대를 판단해야 하는데, 그것이 오히려 신비로움을 극대화시킨다. 신데렐라는 자신의 정체를 밝히지 않음으로써 신비성을 유지하고 왕자로 하여금 어느 나라의 공주일 것이라고 추측하게 만든다.

게다가 신데렐라는 왕자의 호의와 사랑을 그대로 받아들이지 않는다. 마법은 시간이 지나면 사라지므로 그녀는 왕자에게서 도망치는데, 이는 왕자뿐 아니라 두 사람이 이어지기를 바라는 이들의 기대를 저버리는 행동이기도 하다. 그러나 신데렐라의 그런 행동은 왕자의 마음을 더 불타오르게 만든다. 마지막으로 구두를 신어 보는 신부 시험으로 신데렐라의 운명이 결정된다. 이렇게 불우한 생활에서 사회의 정상에 오르는 결혼에 시선이 집중된다.

이 이야기의 가장 큰 매력은 일상과는 다른 화려한 무도회를 통해 높은 신분을 얻게 된다는 점이다. 축제는 다른 차원의 세계를 창조한다. 사람들은 이런 일이 현실에는 있을 수 없다는 것을 알지만 환상동화라는 특수한 설정이 비일상적인 과정을 합리화시켜 준다.

# 결혼에 대한 소망과
# 못다 이룬 꿈

## 결혼과 가문의 재산

신데렐라 서사가 사람들의 입에서 입으로 회자된 이유는, 행복한 결혼이 모두의 관심사이자 과제였기 때문이다. 물론 예외도 있었지만 당시 대부분의 사람들은 결혼을 통해 가문을 잇는 것이 자신의 큰 사명이라고 생각했다. 중세 이래로 유럽에서는 결혼 상대를 점치는 것이 유행이었고 사람들은 불안정한 현재의 처지에서 벗어나고 싶다는 염원을 담았다. 오늘날에는 개인을 중심으로 다양한 삶의 방식이 정착되었지만 과거 결혼은 자신의 의지대로 되지 않는 일종의 운명적인 것으로 여겨졌다.

동화 속 인물들은 만나자마자 서로 첫눈에 반해 결혼하며 신분 상승이 자연스럽게 실현된다. 그러나 현실에서는 그렇지 않았다. 근대까지 신분 제도가 고정되었던 사회에서 결혼 상대를 자유롭게 결정하는 경우는 드물었으며 일반적으로는 한 집안의 가장이 자녀의 배우자를 결정했다. 결혼할 남녀는 사회 계층이 같아야 했고 재산이나 신분, 지위의 차이도 용납되지 않았다.

프랑스 중산층의 결혼 문제를 다룬 앙투안 퓌르티에르의 풍자 소설 『서민 이야기』(1666년)에는 남녀의 결혼 조건과 평가액에 관한 자료가 남아 있다. 아래는 그 내용을 일부 발췌한 것이다.

| 여성의 집안 재산 | 남성의 직업 |
| --- | --- |
| 약 2천 리브르~<br>약 6천 리브르 | 법원에 점포를 가진 상인이나 신분이 낮은 관리,<br>부사관 또는 소송 대리인 |
| 약 6천 리브르~<br>약 1만 2천 리브르 | 비단 상인, 나사(Raxa) 상인, 목공, 샤틀레(Châtelet) 재판소<br>대리인, 관저 집사, 대영주의 비서관 |
| 약 1만 2천 리브르~<br>약 2만 리브르 | 국회 대리인, 경비원, 공증인, 법원 서기 등 |
| 약 3만 리브르~<br>약 4만 5천 리브르 | 회계 감사원, 프랑스 재무관, 연금 수령자 |

『서민 이야기』: 결혼 조합과 평가액의 일부.

그렇게 가장의 지배를 받던 딸은 결혼하면 남편의 지배하에 들어갔다. 만약 부모가 결정한 상대가 싫어서 결혼을 거부한다면 하층민의 경우 하녀와 매춘부, 중·상류층에서는 수도원 혹은 가정 교사라는 선택밖에 남아 있지 않았다.

그런 의미에서 대다수 여성들은 신데렐라처럼 결혼하는 일이란 현실에서 있을 수 없다는 사실을 잘 알고 있었다. 이탈리아의 민화 「아름다운 대추야자」에서, 이야기를 끝마친 시칠리아 섬의 70세 노인은 마지막을 다음과 같이 매듭짓는다.

두 사람은 행복하고 만족스럽게 살았습니다.
그리고 우리는 이렇게 이를 갈 뿐이죠.

　서민들은 현실과 이야기의 격차를 이렇게 받아들이고 있었다. 그러나 현실과 다르다는 사실을 알면서도, 아니 그렇기 때문에 사람들은 환상 세계를 동경해 왔다. 신데렐라의 삶과 결혼을 향한 거대한 환상은 이룰 수 없는 꿈이었다.

　'자신이 바라는 결혼 상대를 계속 기다리는 여성'을 일컫는 이른바 '신데렐라 콤플렉스'도 화제가 되었다. 신데렐라 서사에서 결혼으로 신분이 상승하는 장면은 지금까지도 여성의 결혼관에 큰 영향을 주고 있다. 반면 젠더론의 입장에서는 신데렐라의 결혼은 환상이며 여성의 자립과 거리가 먼 남성 의존증을 조장한다는 비판이 제기되어 왔다.

　이처럼 신데렐라 서사는 사랑받는 동시에 손가락질을 받는 양면성을 모두 갖추고 있다. 물론 젠더론적 비판은 겸허하게 받아들여야 하지만, 왜 여전히 신데렐라 서사가 매력을 잃지 않고 사람들을 계속해서 끌어당기고 있는지 그 의미를 되새길 필요가 있다. 인간이란 마음 한구석에 계속 간직해 왔던 꿈과 이상을 살아가는 원동력으로 삼는 존재다. 그렇기 때문에 사람들은 신데렐라 서사를 계속 사랑하는 것이다.

# 신데렐라의 수수께끼

일본에는 「킷쇼 공주 전설」이라는 이야기가 전해져 내려온다. 나라 시대, 천황이 자고 있을 때 꿈에 이즈모오야시로出雲大社라는 신사의 신이 나타나 세상에 둘도 없는 미녀가 있다고 알렸다. 천황이 잠에서 깨 눈을 뜨니 신발과 예쁜 여인이 그려진 그림이 있었다. 이상하게 생각한 천황은 각국을 다니면서 신하에게 그림과 꼭 닮은 여인을 찾게 했다. 얼마 후 한 백성이 모내기를 하고 있는 여인이 그림 속 여인과 똑같이 생겼다고 알렸고, 그 여인을 데려와 신발을 신기니 꼭 맞았다고 한다. 천황은 그것을 신의 뜻으로 여겨 여인을 데려와 총애했다는 내용이다.

이 글이 실린 책의 저자는 민속학자인데, 당시 민간에서 전승되어 오던 전설을 기록했다. 놀랍지 않은가. 책에서는 다루지 않았지만 이 설화가 전해져 오던 지역은 한반도, 중국과 교류가 많이 있던 곳이다. 아울러 고대에 일본에 있었던 신발 문화는 대륙으로부터 유입되었다. 아쉽게도 비가 많이 오는 풍토 탓에 관련된 문화는 사라졌지만 현재까지 이어져 온 전통 중에서 신관이 신는 신발神主の淺沓과 축국신蹴鞠の沓에 그 의미가 남아 있다.

이 책을 읽기 전부터 킷쇼 공주 전설을 꺼내 들며 신데렐라 서사가 고대부터 일본에 전파됐을 가능성이 있다고 말했다면 바보 같은 주장이라며 비웃음을 샀을 게 틀림없다. 그러나 여기까지 읽고 후기에 쓴 킷쇼 공주 전설을 믿지 않는다고 해도, 누군가 고개를 끄덕이는 이가 있다면 필자로서 이 책을 집필한 보람이 있을 것 같다.

지금까지 신데렐라 서사의 발상지는 유럽이었고 페로와 그림 형제를 먼저 떠올리곤 했었다. 그 연장선으로 디즈니의 애니메이션 영화로 이어져 세계적인 성공을 이루었다고 생각했다. 그리고 신데렐라에 관한 연구도 유럽을 중심으로 고찰이 이루어졌고, 한층 더 연구 범주를 넓힌 루트나 민속학자 시도우 등의 학자들마저 신데렐라 이야기를 중동과 유럽, 인도 등 지역적으로 한정해 연구를 진행해 왔다. 이 책은 그 통설을 뒤집고 한 걸음 더 나아갔다.

그렇다면 내가 어떻게 유럽 발상설에 의문을 갖게 되었는지 간단히 경위를 설명하고자 한다. 나는 2014년부터 '간사이대학

국제문화재 문화연구센터關西大学国際文化財·文化研究センター'의 연구원으로서 주로 이집트의 문화 연구에 참여했다. 그때 민화를 조사하던 중, 2천 5백여 년 전에 「로도피스의 신발」이라는 신데렐라와 아주 유사한 서사가 이집트에 존재했다는 사실을 알고 깜짝 놀랐다.

왜 고대에 신데렐라 이야기가 있었을까? 민화를 문학 작품으로 한정해서 분석한다면 그 전체적인 그림을 보지 못하는 건 아닐까? 전체적인 모습을 파악하기 위해서는 민화와 동화라는 틀을 깨고 역사학, 민속학, 신화학, 문화인류학적 시각으로 이를 분석해 볼 필요가 있다고 생각했다.

신데렐라 서사의 구조는 인류의 관점에서 보면 아프리카에서 나와 세계 각지로 대이동을 할 때 숱한 어려움을 겪으면서도 거듭 행복을 추구하는 고대인들의 꿈과 희망의 과정을 나타낸 것이다. 어머니의 죽음, 계모의 구박, 고단한 생활, 초능력을 가진 조력자의 등장, 그리고 고귀한 존재와의 결합이라는 '해피엔딩 스토리'는 간단히 말해서 곤경에서 탈출해 행복해지는 이야기다.

미나카타 구마구스는 지금으로부터 100여 년 전인 1911년에 「서기 9세기의 지나서에 실린 신데렐라 이야기」를 통해 중국과 유럽의 신데렐라 이야기가 비슷하다는 것을 바탕으로, 중국의 신데렐라 서사가 유럽의 그것보다 훨씬 오래되었다고 주장했다. 이런 주장이 나올 수 있었던 이유는 특정 영역에만 머무르지 않고 다른 분야의 견해를 통해 신데렐라 서사를 바라본 그의 다채로운 시각 덕분이었다. 구마구스는 역시 굉장한 혜안을 가진 학자였다.

일본에서도 신데렐라 서사와 유사한 구조인 『오치쿠보 모노가타리』가 10세기에 널리 알려져 있었다. 또한 「누카후쿠와 고메후쿠」의 전래 시기는 알 수 없지만 유럽계 신데렐라 서사가 사람들 사이에서 회자되기 이전부터 일본에서 서승과 구전 형태로 광범위하게 전해져 왔다. 분명한 것은, 근대 일본에는 메이지 유신 이후에 유럽의 신데렐라 서사가 본격적으로 들어왔다는 점이다. 단지 이 책에서 강조하고 싶은 것은 서구 문명이 신데렐라의 시초라는 편협한 시각이 아니라, 그 이전에도 세계 각지에 고유한 문화와 관계된 신데렐라들이 이미 존재하고 있었다는 것이다.

이렇듯 신데렐라 서사의 역사적 변천을 더듬어 보면 유럽의 신데렐라 서사는 세계로 전파된 수많은 계보 중 하나였다는 것을 알 수 있다. 그 이전에 아프리카와 유라시아에서 이야기가 성립되었던 것은 분명하지만 지역 민화였기 때문에 세상에 거의 알려지지 않았을 뿐이다. 이에 비해 서양의 신데렐라 서사가 다른 신데렐라 서사들을 제치고 전 세계적으로 알려진 이유는 근대의 서양 중심적인 세계관과 깊이 연관되어 있다.

아울러 서양권에서 회자되어 오던 신데렐라 서사는 다소 가부장적인, 혹은 지배 이데올로기와도 어느 정도 연결 고리가 있었다. 크리스트교 세계관과 남성 중심의 산업 사회 등이 대표적인 예시였다. 남자는 근면 성실하게 바깥일을 하고 여자는 가정을 지켜야 한다는 전제하에, 만약 여자가 어려운 상황에 직면하더라도 집안일을 성실히 하다 보면 사랑하는 반려자를 얻어 결혼을 할 수 있다는 내용이 근대 유럽의 신데렐라 서사에 깔려 있다.

미국은 19세기부터 아메리칸드림을 국가적으로 강조했다. 디즈니의 『신데렐라』 연출에서도 아메리칸드림이 추구되었고 그 꿈은 현재 디즈니랜드라는 공간에서 계승되고 있다. 그러나 공교롭게도 경제적인 격차가 커서 신데렐라의 세계는 말 그대로 꿈일 뿐이며 현실과는 엄청나게 괴리되는 현상이 빚어지고 있다. 역설적이지만 그 차이가 클수록 고난을 견디는 신데렐라의 인기는 높아진다고 할 수 있다. 서민들은 디즈니랜드처럼, 물거품 같은 허황된 꿈 속에서 더 큰 행복을 느끼기 때문이다.

앞선 내용을 읽은 사람들은 알겠지만, 이 책에서는 주로 유럽과 중동, 아시아를 포함한 유라시아 대륙의 신데렐라 서사를 다루었다. 물론 북유럽의 핀란드, 동북아시아의 시베리아에도 신데렐라 서사가 존재한다. 덧붙여 이누이트, 아메리카 원주민이나 남아메리카의 아즈텍, 그리고 아프리카, 태평양의 섬에도 확인된다. 신데렐라 서사의 광범위한 전파 과정에서 유라시아 대륙의 사례만으로도 신데렐라의 수수께끼를 이야기하기에 충분할 것이다. 책의 분량상 그 이상으로 범위를 확대하는 것은 곤란하다는 것을 양해해 주길 바랄 뿐이다.

이 책의 출판사인 가와데쇼보신샤河出書房新社 편집부의 와타나베 후미에 씨가 이런 허풍 같은 구상에 관심을 주시고 출판에 힘써 주셨다. 만약 원고가 그의 눈에 띄지 않았다면 이 책은 빛을 볼 수 없었을지도 모른다. 그런 의미에서 와타나베 씨에게 진심으로 감사의 뜻을 전한다.

**찾아보기**
**참고문헌**

- アイリアノス,『ギリシア奇談集』,松平千秋／中務哲郎訳,岩波書店,1989
- 石田英一郎,『桃太郎の母』,講談社学術文庫,2007
- バーバラ・ウォーカー,『神話・伝承事典』,山下主一郎・他訳,大修館書店,1990
- ヤコブス・デ・ウォラギネ,『黄金伝説2』,前田敬作・他訳,平凡社,2006
- ビアトリス・S・ヴァインライヒ(編),『イディッシュの民話』,秦剛平訳,青土社,1995
- ハンス＝イェルク・ウター,『国際昔話話型カタログ』,加藤耕義訳,小澤昔ばなし研究所,2016
- ミルチア・エリアーデ,『神話と夢想と秘儀』,岡三郎訳,国文社,1972
- ハインリヒ・フォン・ヴリスロキ,『「ジプシー」の伝説とメルヘン』,浜本隆志編訳,明石書店,2001
- 大野寿子編,『グリムへの扉』,勉誠出版,2015
- オウィディウス,『変身物語 上』,中村善也訳,岩波書店,2009
- 小沢俊夫編,『世界の民話七アフリカ』,中山淳子訳,ぎょうせい,1999
- 小沢俊夫・飯豊道男編・訳,『世界の民話三五 イエーメン』,ぎょうせい,1986
- 小沢俊夫編・訳,『世界の民話一三 地中海』,ぎょうせい,1978
- 海部陽介,「アフリカで誕生した人類の長い旅」,印東道子編,『人類の移動誌』所収,臨川書店,2013
- カルヴィーノ,『イタリア民話集〈下〉』,河島英昭編訳,岩波文庫,2014
- 香山陽坪,『沈黙の世界史6 北ユーラシア騎馬民族の遺産』,新潮社,1970
- 河合隼雄,『昔話の深層』,講談社＋α文庫,1994
- 『完訳千一夜物語12』,豊島与志雄・他訳,岩波文庫,1988
- 君島久子,「壮族のシンデレラとその周辺 － 重葬との関わりについて」,『芸文研究』,1989
- グエン・カオ・ダム・他編訳,『ベトナムの昔話』,同朋社,1980
- 久保華誉,『日本における外国昔話の受容と変容 和製グリムの世界』,三弥井書店,2009
- グリム兄弟,『完訳グリム童話』,小澤俊夫訳,ぎょうせい,1993
- ドロシー・コウ,『纏足の靴』,小野和子訳,平凡社,2005
- マイケル・グラント・他,『ギリシア・ローマ神話事典』,西田実・他訳,大修館書店,1988
- 小泉武栄,『山の自然学』,岩波新書,1998
- 河野一郎編訳,『イギリス民話集』,岩波文庫,1991
- 河野眞,『ファウストとシンデレラ －民俗学からドイツ文学の再考に向けて－』,創土

社, 2016

- 高津春繁,『ギリシア・ローマ神話辞典』, 岩波書店, 1993
- セルジウス・ゴロウィン・他,『世界の神話文化図鑑』, 上田浩二・他訳, 東洋林, 2007
- R・D・ジェイムソン,「中国のシンデレラ」| A・ダンダス,『シンデレラ』, 池上嘉彦・他訳, 紀伊國屋書店, 1991 所収
- 『時事通信』, 時事通信社鈴木晶,『グリム童話 - メルヘンの深層』, 講談社現代新書, 1992 (2016.01.21 配信)
- 鈴木満,『昔話の東と西 比較口承文芸論考』, 国書刊行会, 2004
- ストラボン,『ギリシア・ローマ世界地誌二十七巻』, 飯尾都人訳, 龍溪書舎, 1994
- 『聖書』, 日本聖書協会訳, 日本聖書協会, 2008
- 『世界のむかし話 四「銀のかんざし」』, なたぎりすすむ訳, ほるぷ出版, 1979
- 関敬吾,『日本昔話大成第 5巻』「本格昔話四」, 角川書店, 1978
- 関敬吾,『関敬吾著作集三』「昔話研究法と伝説」, 同朋社, 1981
- 関敬吾,『関敬吾著作集四』「日本昔話の比較研究」, 同朋社, 1980
- ジャック・ソレ,『性愛の社会史』, 西川長夫訳, 人文書院, 1985
- 高木昌史,『グリム童話を読む事典』, 三交社, 2002
- 武田静澄,『日本伝説集』, 現代教養文庫, 1971
- マリア・タタール,『グリム童話 その隠されたメッセージ』, 鈴木晶・他訳, 新曜社, 1990
- 竹原威滋,『グリム童話と近代メルヘン』, 三弥井書店, 2006
- アラン・ダンダス編,『シンデレラ』, 池上嘉彦・他訳, 紀伊國屋書店, 1991
- ハンス・ペーター・デュル,『再生の女神セドナ』, 原研二訳, 法政大学出版局, 1992
- 崔仁鶴(チェインハク)編著,『朝鮮昔話百選』, 日本放送出版協会, 1974
- スティス・トンプソン,『民間説話 - 世界の昔話とその分類』, 八坂書房, 2013
- 中沢新一,『人類最古の哲学』, 講談社選書メチエ, 2002
- 丹羽隆子,『はじめてのギリシア悲劇』, 講談社現代新書, 1998
- 野口芳子,『グリムのメルヒェン - その夢と現実』, 勁草書房, 1994
- 野口芳子,「グリム童話における七の数字について」, 溝井裕一編,『グリムと民間伝承』, 麻生出版, 2013 所収
- 野口芳子,『グリム童話のメタファー』, 勁草書房, 2016
- 野村純一編,『昔話と民俗』, 名著出版, 1984
- ジャンバッティスタ・バジーレ,『ペンタメローネ：五日物語』, 杉山洋子・他訳, 大修館書店, 1995
- 浜本隆志・他,『ヨーロッパ・ジェンダー文化論』, 明石書店, 2011
- 浜本隆志,『ねむり姫の謎 - 糸つむぎ部屋の性愛史』, 講談社現代新書, 1999
- 浜本隆志,「古代エジプトにおける〔シンデレラ物語〕の世界伝播(1)」, The Journal of Center for the Global Study of Cultural Heritage and Culture Volume 2 (2015) 所収
- 浜本隆志,「古代エジプトにおける〔シンデレラ物語〕の世界伝播(2)」, The Journal of Center for the Global Study of Cultural Heritage and Culture Volume 3 (2016) 所収
- 福田晃編,『昔話の発生と伝播』, 名著出版, 1984

- J・J・フレイザー,『金枝篇』(1)〜(5), 永橋卓介訳, 岩波書店, 1994
- バーン＆ボニー・ブーロー,『売春の社会史　古代オリエントから現代まで』, 香川檀・他訳, 筑摩書房, 1993
- ウラジーミル・プロップ,『魔法昔話の起源』, 斎藤君子訳, せりか書房, 1983
- シャルル・ペロー,『完訳ペロー童話集』, 新倉朗子訳, 岩波文庫, 2006
- ヘロドトス,『歴史』, 松平千秋訳, 岩波書店, 1971
- 増田美子編,『花嫁はなぜ顔を隠すのか』, 悠書館, 2010
- 三浦佑之,『昔話にみる悪と欲望』, 青土社, 2015
- 水沢謙一,『越後のシンデレラ　ぬかふく,こめふく昔話』, 野島出版, 1964
- 南方熊楠,「西暦九世紀の支那書に載せたるシンデレラ物語」,『南方熊楠全集』, 第2巻, 平凡社, 1971 所収
- 三宅忠明,『民間説話の国際性』, 大学教育出版, 2006
- ベヴァリー・ムーン,『元型と象徴の事典』, 橋本槙矩訳, 青土社, 1998
- 百田弥栄子,『シルクロードをつなぐ昔話　中国のグリム童話』, 三弥井書店, 2015
- 森義信,「海を渡ったメルヘン － 日本昔話(手なし娘)の伝播経路を探る －」『社会情報学研究十七』, 2008
- 山室静,『世界のシンデレラ物語』, 新潮選書, 1979
- 山本秀樹,「現生人類単一起源説と言語の系統について」, 千葉大学文学部講演会 (2013.11.21), http://www.l.chiba-u.jp/general/extension/files/2013_file04.pdf
- 吉田敦彦・他,『日本の神話伝説』, 青土社, 1996
- 吉田敦彦,『神話と近親相姦』, 青土社, 1993
- クロード・レヴィ＝ストロース,『親族の基本構造』, 福井和美訳, 青弓社, 2000
- C．レヴィ＝ストロース,『レヴィ＝ストロース講義』, 川田順造・他訳, 平凡社, 2007
- ハインツ・レレケ,『グリム兄弟のメルヒェン』, 小澤俊夫訳, 岩波書店, 1990
- 渡辺誠,『縄文時代の植物食』, 雄山閣, 1975
- Antti Aarne / Stith Thompson. The Types of the Folktale, Helsinki 1964
- Erich Ackermann (Hrsg.). Die schöne Rhodopis. In Märchen der Antike, Köln 2012
- Hanns Bächtold-Stäubli (Hrsg.). Handwörterbuch des deutschen Aberglauben, 10 Bde, Berlin, Leipzig 1927-42, Nachdruck 1987
- G. Basile. Der Pentamerone oder das aller Märchen, Hildesheim 1973
- Bruno Bettelheim, The Uses of Enchantment: The Meaning and Importance of Fairy Tales, New York 1976 (ブルーノ・ベッテルハイム『昔話の魔力』, 波多野完治・他訳, 評論社, 1990)
- Johannes Bolte, Jirí Polívka (Hrsg.). Anmerkungen zu den Kinder-und Hausmärchen der Bruder Grimm, Bd.1, Leipzig 1913
- Ernest Borneman, Sex im Volksmund, Reinbek bei Hamburg, 1974.
- Marie J. Bossan. Die Kunst der Schuhe, Übersetzung, Andrea Stettler, New York 2004
- Marian Roalfe Cox. Cinderella: Three Hundred and Forty-five Variants of Cinderella, London 1893, Reprint 2012
- Pierre Dufour. Weltgeschichte der Prostitution, Paderborn 2000

- Rosa Giorgi. Engel, Dämonen und phantastische Wesen, Berlin 2004
- Brüder Grimm. Kinder-und Hausmärchen, Hrsg. v. Heinz Rölleke, Frankfurt am Main (Reclam) 1980
- Brüder Grimm. Kinder-und Hausmärchen, Hrsg. v. Heinz Rölleke, Stuttgart. 1980
- Grimm, Jacob und Wilhelm. Kinder-und Hausmärchen. Nach der Großen Ausgabe von 1857, textkritisch revidiert, kommentiert und durch Register erschlossen. Bd.1 1996
- Grimm, Jacob und Wilhelm. Kinder-und Hausmärchen, Nach der Großen Ausgabe von 1857
- Uwe Henkhaus. Das Treibhaus der Unsittlichkeit, Marburg 1991
- Friedel Lenz. Bildsprache der Märchen, Stuttgart 1988
- Max Lüthi. Das Volksmärchen als Dichtung: Ästhetik und Anthropologie. Eugen Diederichs Verlag 1975 (マックス・リュティ, 『昔話 その美学と人間像』, 小澤俊夫訳, 岩波書店, 1985)
- Siegfried Neumann (Hrsg.). Volksleben und Volkskultur in Vergangenheit und Gegenwart, Bern 1993
- Heinz Rölleke (Hrsg.). Die älteste Märchensammlung der Brüder Grimm. Synopse der handschriftlichen Urfassung von 1810 und der Erstdrucke von 1812. Herausgegeben und erläutert von Heinz Rölleke. Fondation Martin Bodmer, Cologny-Geneve 1975
- Heinz Rölleke (Hrsg.). Die wahren Märchen der Brüder Grimm, Frankfurt am Main 1989
- Heinz Rölleke (Hrsg.). Kinder-und Hausmärchen. Gesammelt durch die Brüder Grimm. Vergrößerter Nachdruck der zweibändigen Erstausgabe von 1812 und 1815 nach dem Handexemplar des Brüder Grimm-Museums Kassel mit Ergänzungsheft: Transkriptionen und Kommentare. Vandenhoeck & Ruprecht, Göttingen 1986
- Anna Birgitta Rooth. The Cinderella Cycle, Lund:C. W. K. Gleerup, 1951
- Diether Röth ua. Märchen und Märchenforschung in Europa, Haag 1993
- Walter Scherf. Das Märchenlexikon. Erster Band A-K., München 1995
- Gisela Volger ua. (Hersg.). Die Braut, Bd. I, Koln 1997
- Leopold Wenger. Die Quellen des Römischen Rechts, Hausens 1953

**URL**

http://www.city.neyagawa.osaka.jp/introduction/1377994761606.html 寝屋川市ホームページ

http://suwa3.web.fc2.com/enkan/minwa/sonota/28.html

https://www.uibk.ac.at/

https://osteuropa.lpb-bw.de/6077.html

https://de.wikipedia.org/wiki/%C3%96tzi